**Arena-
Taschenbuch
Band 1716**

Dr. Gabriele Korthals-Beyerlein ist Diplompsychologin und arbeitet als Schriftstellerin.

Was dagegen die Schriftstellerin Gabriele Beyerlein und der Archäologe Herbert Lorenz für Zwölf- bis Vierzehnjährige verfasst haben, das ist unterhaltsam und informativ zugleich. Ihre »Erzählung aus der Jungsteinzeit« verdeutlicht anschaulich die Entwicklung von den nomadisierenden Jägern und Sammlern hin zu den sesshaften Ackerbauern und Viehzüchtern: den Beginn der neolithischen Revolution in Mitteleuropa vor fünftausend Jahren v. Chr.
Frankfurter Allgemeine Zeitung

Gabriele Beyerlein/
Herbert Lorenz

Die Sonne bleibt nicht stehen

Eine Erzählung aus der
Jungsteinzeit

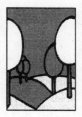

Herrn Professor Dr. H.-G. Bandi und
Herrn Professor Dr. P. J. R. Modderman
danken wir herzlich für
kritische Anmerkungen und Hinweise.

In neuer Rechtschreibung

8. Auflage als Arena-Taschenbuch 2000
© 1988 by Arena Verlag GmbH, Würzburg
Alle Rechte vorbehalten
Umschlagillustration: Pieter Kunstreich
Karte: Andreas Kuczminski
Gesamtherstellung: Westermann Druck Zwickau GmbH
ISSN 0518-4002
ISBN 3-401-01716-0

Übersicht über die Personen

Die »Waldmenschen«
Dilgo, ein Junge, der erwachsen wird
Endris, seine jüngere Schwester
Talgor, sein älterer Vetter
Labon, ein bedeutender Mann der Jägergruppe

Die »Bauern«
Mirtani, ein Mädchen, das erwachsen wird
Efnidi, ihre ältere Halbschwester
Sandor, ihr älterer Halbbruder
Lurini, ihre kleine Freundin, Schwester von Efnidis Mann
Tante Emonis, ihre Tante
Saito, ihr Nachbar, ein junger Hirte

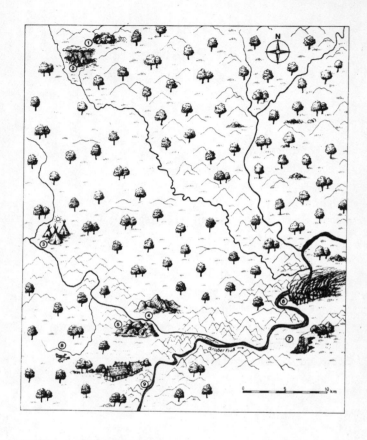

1 Höhle von Dilgo und Endris
2 Winterlager von Dilgos Leuten
3 Sommerlager der Waldmenschen
4 Felsen, auf die Dilgo mit Talgor kletterte
5 Felsen und Höhlen, bei denen Dilgo allein mit Mirtani lebte
6 Gebiet des Waldbrandes und anderer Bauerndörfer
7 Feuersteingrube
8 Bach, in dem Dilgo Forellen fängt
9 Mirtanis Dorf

Kapitel 1
Dilgo

Dilgo schrie. Das Blut hämmerte in seinen Ohren. Er rannte bergauf, hetzte zwischen Felsbrocken und Bäumen hindurch, schlug mit seinem Knüppel gegen die Stämme und schrie aus Leibeskräften. Sein Schreien mischte sich mit dem Gebrüll der Männer: hohe, schrille Töne zwischen rauen und tiefen. Auch die Männer schlugen mit starken Ästen gegen die Bäume. Lärm erfüllte den Wald.

Nun ging es steiler bergan. Dilgo rang nach Luft, nur noch heiseres Keuchen drang aus seiner Kehle. Erschöpft taumelte er gegen eine Eiche, hielt sich an ihr fest, aber schon war sein Vater neben ihm, riss ihn am Arm mit sich: »Weiter, Junge! Schrei!«

Angstvoll riss Dilgo die Augen auf und schrie gellend. Blankes Entsetzen gab seiner Stimme ungeahnte Kraft. Der Stier hatte sich umgewandt. Mit gesenkten Hörnern brach er bergab durch das Unterholz, genau auf Dilgo zu; ein schwarzzottiges, riesiges Ungeheuer, neben dem die kräftigsten Männer klein und zerbrechlich wirkten, eine unaufhaltsame Lawine aus Stärke und vernichtender Wut. Dilgo starrte den Auerochsenstier an, der ihm entgegentobte, das gefährlichste aller Tiere. Dilgo war unfähig einen einzigen Gedanken zu fassen, unfähig zur Seite zu springen. Da gab ihm sein Vater einen heftigen Stoß, sodass er nach rechts stolperte und hinter einem dicken Baumstamm auf die Knie fiel. Der Stier polterte an ihm vorbei, weiter den Hang hinunter.

Doch er sollte ja den Berg hinauf!

Der Onkel jagte hinter dem Stier her, hob im Laufen einen Stein vom Boden auf und schleuderte ihn nach dem Tier. Am Nacken getroffen, fuhr der Auerochse herum und ging auf seinen Angreifer los. Der Onkel rannte vor ihm her zwischen den Bäumen den Hang hinauf, schreiend und lärmend folgten die anderen Männer mit Dilgo. So erreichten sie die Stelle, an der Talgor wartete.

»Talgor! So lauf doch weg! Der Stier nimmt dich auf die Hörner!«, schrie Dilgo außer sich. Fassungslos sah er, wie sein Vetter Talgor bewegungslos dastand, genau in der Bahn, die der Stier bergauf stürmte.

Der Onkel sprang hinter einen schützenden Baum, Talgor aber stand noch immer wie angewurzelt. Dilgo presste die Fäuste vor den Mund. Jetzt, Talgor, flehte er inständig. Aber dieser ließ den Stier immer näher herankommen. Talgors Körper war angespannt wie eine Sehne vor dem Losschnellen, bereit zum Berganlaufen, aber Kopf und Oberkörper waren bergab gerichtet, dem Stier entgegen, auf den er mit Pfeil und Bogen zielte.

Und endlich schoss er.

Der Pfeil fuhr dem Auerochsen in den gewaltigen Nacken und blieb stecken. Der Stier schnaubte und schüttelte heftig den Kopf. Als habe ihm die Verletzung neue Stärke verliehen, nahm er die Verfolgung des neuen Gegners auf.

Talgor rannte dem Berggipfel entgegen. Der Stier blieb ihm dicht auf den Fersen, ja, der Abstand verringerte sich immer mehr. Nicht mehr als zwei Schritte trennten Talgor noch von den gefährlichen Hörnern.

Dann hatte Talgor die Höhe erreicht. Mit großen Sprüngen hetzte er der Felsnase zu. Strahlend blau schien der Himmel zwischen den Bäumen hindurch. Die letzten Bäume – dahinter: nichts.

Verfolgt von dem Stier, lief Talgor mit äußerster Kraft dem

Abgrund entgegen. Zwei Schritte noch! Danach die todbringende Tiefe.

Talgor, Talgor, hämmerte es in Dilgos Kopf. Kaum wagte er hinzusehen. Wenn Talgor das Seil verfehlte? Oder wenn es riss?

Da, zwischen den beiden letzten Bäumen am Abgrund war es gespannt, am einen Baum fest verknotet, am anderen nur locker über den untersten Ast gelegt. Mit einem Sprung fasste Talgor mit beiden Händen das Seil und hielt es fest. Unvermittelt wurde er in seinem rasenden Lauf gebremst und um den Baum herumgeschleudert, an dem das Seil befestigt war. Eine Handbreit vom Abgrund entfernt, kam Talgor zum Stehen. Der Stier aber stürmte blindwütig weiter, zwischen den beiden Bäumen hindurch, auf den Rand des Felsens zu und – stürzte hinunter.

Ein Brüllen, ein Poltern und Krachen, ein entsetzlicher Aufprall, dann Stille. Eine tiefe Stille, in der der Wald den Atem anzuhalten schien. Dann sprang Talgor hinter seinem Stamm hervor, riss die Arme in die Höhe und stimmte ein wildes Triumphgeschrei an.

Dilgo und die Männer fielen ein. Sie rannten zueinander, umarmten sich, hoben Talgor in die Höhe und feierten ihn. Dann wurden sie wieder ruhig und machten sich an den Abstieg, den Felshang neben der Steilwand hinunter. Das Opfer war geglückt, nun musste es vollendet werden. Und das erforderte Ernst.

Am Fuß der hohen, weißen Felswand, auf der Plattform vor der Höhle, lag der schwarze Stier mit zerschmettertem Schädel. Ehrfürchtig schweigend, starrten Dilgo und die Männer auf das massige Tier.

Die Jagd auf einen Auerochsenstier, das war etwas anderes als die Jagd auf Rehe, Hirsche oder Vögel. Die Pfeile mit den scharfen Steinspitzen, die das Rotwild töteten, konnten den Stier nur reizen. Diesem starken Tier war nur mit vereinten Kräften und nur unter Einsatz des eigenen Lebens beizukommen. Und nun war es gelungen, als Opfer für den großen, den göttlichen Stier, der das Himmelsgewölbe auf seinem starken Nacken trug und dessen schwaches Abbild das erlegte Tier bildete.

*

Das Fest war zu Ende, drei Tage, in denen viel erzählt, gelacht und getanzt worden war und in denen jeder, vom Ältesten bis zum Jüngsten, so viel Fleisch gegessen hatte, wie er konnte. Grund zum Feiern gab es oft, jedes Jagdglück war Anlass eines Festes, aber diesmal war es doch etwas Besonderes. Einen Auerochsen erlegte man nicht alle Tage und dann feierte man auch den Abschied vom Winter. Vorbei war die Zeit der kühlen Nässe, des ewigen Regens, die Zeit, in der das Jagen unangenehm und das Sammeln von Pflanzen mühsam war.

Dilgo hockte an der großen Feuerstelle in der Mitte des Lagers und schnitt mit einem scharfen Steinmesser Fleisch von der Hüfte des Stiers in feine Streifen. Der Vater errichtete über dem Feuer ein Stangengerüst, an dem er einen Hinterschinken des Stiers in den Rauch hängte. Die Mutter legte frische Eichenzweige über die Glut, damit ein schöner Qualm entstand, und fügte reichlich Wacholderzweige zur Geschmacksverbesserung hinzu.

»Wacholderschinken«, sagte Großvater genüsslich. »Wacholderschinken ist nicht zu übertreffen.«

Die Mutter lachte: »Den gibt es aber erst unterwegs, Großvater! Endris, sind die Fleischstücke schon in der Sonne getrocknet?«

Endris, Dilgos kleine Schwester, lief zu den Steinen, die hier und da auf sonnigen Fleckchen zwischen den zeltartigen Hütten lagen, und wendete die hauchdünnen Fleischstreifen. »Ein bisschen noch!«, sagte sie, dann legte sie sich wieder neben Dilgo ins Gras und sah ihm beim Schneiden zu. Die Erwachsenen unterhielten sich; für heute war genug gearbeitet. Die Kleinen spielten Fangen. Sie rannten zwischen den fünf Hütten des Lagers hin und her, die im Halbkreis um die Quelle errichtet waren, versteckten sich zwischen den Bäumen, sprangen über den schmalen Bach.

Jetzt ging das wilde Treiben wieder auf die Hütten zu. Der kleine Rion rannte vornweg, dicht verfolgt von drei Kameraden. Er wollte einen Haken schlagen, bekam die Kurve nicht mehr und rannte in eine Hüttenwand, die anderen hinterher. Es knirschte und knisterte. Trockene Äste brachen.

Die Kinder strampelten. Eines der Felle war vom Dach abgerissen und über ihre Köpfe gefallen, nahm ihnen die Sicht. Nun schüttelten sie es ab und befreiten sich von den Reisigbüscheln, zwischen denen sie steckten. Ängstlich schauten sie zu den Erwachsenen am Feuer.

Labon, Rions Vater, stand auf und besah sich den Schaden. Eine der Stangen, die das Traggerüst der mannshohen Hütte bildeten, war zerbrochen, einige der Reisigbüschel, mit denen sie gedeckt war, herabgerissen. Prüfend glitt sein Blick über die schräge Wand. »Seht zu, dass ihr hier wegkommt!«, drohte er den Kindern lachend. Dann kam er zum Feuer zurück.

»Zum Glück ziehen wir in wenigen Tagen weiter! So lange wird die Hütte schon noch halten«, erklärte er.

»Schade«, sagte Dilgo, »dass wir hier weggehen.«

»Ja«, fiel Endris ein, »hier war es schön.«

»Überall ist es schön«, antwortete die Mutter.

»Nein, im Süden ist es nicht schön!«, widersprach Dilgo heftig. »Ich bin beim Jagen schon weit mit im Süden gewesen und überall war es langweilig. Keine Berge und keine Felsen und keine Höhlen. Nichts als Wald.«

»Nichts als Wald!«, entrüstete sich der Vater. »Der Wald ist unser Leben. Wenn du keine Achtung vor dem Wald hast, so werde ich sie dir beibringen!«

»Lass nur«, begütigte der Großvater. »Kinder haben andere Vorstellungen vom Wald als wir. Für sie ist es eben wichtiger, was er ihnen für Möglichkeiten zum Spielen, zum Klettern und für Abenteuer bietet, als dass er uns ernährt und beschützt. Dafür sind sie Kinder.«

Dilgo spürte, wie ihm das Blut in den Kopf schoss. Die Entrüstung des Vaters hatte ihn nicht berührt, aber die freundliche Beschwichtigung des Großvaters traf ihn. Dafür sind sie Kinder – also hatte er sich wie ein Kind betragen und man hielt ihn noch immer für ein Kind! Dabei wurde seine Stimme schon heiser und brüchig! Und er war kaum kleiner als Talgor. Und er hatte bei der Jagd auf den Stier dabei sein dürfen. Wann würden sie endlich begreifen, dass er kein Kind mehr war? Die Probe – ob er erst die Probe machen musste?

Beinah hätte er verpasst, was der Großvater weiter sagte: »Du täuschst dich übrigens, Dilgo, wenn du meinst, weiter im Süden sei es überall so wie in dem südlichen Wald, den du kennst. Du wirst schon auf deine Kosten kommen! Wir ziehen bis an den Fluss, den du nur als Säugling gesehen hast, der noch auf dem Rücken der Mutter getragen wurde. Dort gibt es nicht nur Fische und Wild im Überfluss, sondern auch Schönheiten und Wunder, die dich das Staunen lehren werden.«

Dilgo stand auf und wusch sich an der Quelle das heiße Gesicht. Also zogen sie in diesem Sommer in ein Gebiet, das er noch nicht kannte. Das wäre die richtige Voraussetzung für die Probe. Ob er es wagen sollte? Talgor hatte die Probe schon vor drei Jahren bestanden. Wer sich der Probe nicht unterzog, konnte nie der Held einer Stierjagd sein. Wie Talgor . . .

*

»Gib mir die Hand, ich helfe dir!« Dilgo zog Endris das letzte steile Stück bis zur Plattform vor der Höhle den Berghang hinauf. Groß und gewaltig wölbte sich das Höhlentor in der Felswand. Dilgo blickte stumm den Felsen hinauf. Von dort oben war der Stier herabgestürzt, aber nun waren die Spuren des Stieropfers wieder beseitigt.

Die beiden traten in den weiten, hohen Höhlenraum und warfen ihre große Fellbeutel ab. Sie waren den Nachmittag über mit den Frauen und den anderen Kindern durch den Wald gestreift und hatten gesammelt, was der Frühling Essbares bescherte: Knospen und zarte Sprösslinge, Wurzeln und Zwiebeln, Kräuter und Blätter. Zusammen mit dem getrockneten und geräucherten Stierfleisch würde das genügen, damit sich die ganze Gruppe während der Wanderung nicht um Nahrung kümmern musste.

Jetzt wollten sie der Höhle einen letzten Besuch abstatten. Es galt, Abschied von ihrem Lieblingsplatz zu nehmen. Wie oft hatten sie hier in den endlosen Wochen der vergangenen regnerischen Zeit im Schutz der Höhle gespielt und beieinander gesessen. Nun mussten sie fort.

Dilgo kniete im hintersten Winkel der Höhle nieder und tastete nach den Steinen. Er schloss die Augen, damit sie sich schneller an die Dunkelheit gewöhnten. Jetzt konnte er schwach das Versteck seiner Schätze erkennen. Er entfernte den obersten Stein und fasste in die Höhlung. Behutsam holte er hervor, was darinnen verborgen lag; die scharfe Schneide, die er im Winter nach langen fehlgeschlagenen Versuchen selbst von einem Feuerstein abgeschlagen und mit Harz in einem Griff aus Hirschgeweih befestigt hatte, die versteinerte Schnecke, die grün schimmernde Schwanzfeder eines Auerhahns, den durchbohrten Bärenzahn an der schmalen Lederschnur.

Messer, Schnecke und Feder ließ er in den kleinen Beutel an

seinem Gürtel gleiten, das Band mit dem Zahn aber legte er an seinen Platz zurück und bedeckte das Versteck sorgfältig mit dem Stein.

»Warum legst du das Amulett zurück?«, wunderte sich seine kleine Schwester.

»Ich will es hier lassen. Später, wenn wir wieder einmal in dieser Gegend unser Lager aufschlagen, werde ich es wieder finden. Dann weiß ich, dass dies ein guter Ort ist.«

»Ja, das ist wahr«, nickte Endris. »Klettern wir noch auf unseren Felsen?«

»Natürlich! Komm!«

Dilgo zog sich auf die Felsspitze hoch, die seitlich vom Höhleneingang vor der großen Felswand aufragte, kniete sich hin und streckte Endris die Hand entgegen. Aber Endris schüttelte den Kopf und bemühte sich allein hinaufzugelangen. Sie strahlte über das ganze Gesicht, als es ihr gelungen war.

Dilgo strich ihr zärtlich die wirren braunen Locken aus dem erhitzten Gesicht und legte ihr den Arm um die Schultern. Sie mussten sich eng aneinander drängen, um beide auf diesem schmalen Felsen Platz zu finden.

Die Abendsonne schien ihnen ins Gesicht und vergoldete das Land. Sie schauten schweigend. So schön wie heute war es hier noch nie gewesen. Sie kannten den Ausblick von hier bei klarem Winterwetter, wenn sich die Berge und das weite Land blendend weiß aneinander reihten, und vor allem kannten sie ihn grau in grau, nebelverhangen, regenverschleiert.

»Es gibt kein größeres Wunder als den Frühling«, flüsterte Endris.

Dilgo nickte. Er verstand, was sie meinte. Jedes Jahr, wenn der lange Regen aufhörte und unter den warmen Strahlen der

Sonne in wenigen Tagen der Wald zu sprießen, zu grünen und zu blühen begann, fühlte er das Gleiche: Staunen, Dankbarkeit und Lust.

So weit das Auge reichte, erstreckte sich in allen Schattierungen zarten Grüns der Wald – auf dem Berg ihrem Felsen gegenüber, im weiten Bachtal, an dessen Quelle das Lager aufgeschlagen war, auf den weiter entfernten Höhenzügen und auf der Hochebene im Süden, die weit in der Ferne mit dem Himmel verschmolz.

Auf diesen fernen Punkt zeigte Dilgo und sagte: »Siehst du, Endris, dahin brechen wir morgen auf.« Und rasch fügte er hinzu, wozu er sich in diesem Augenblick entschlossen hatte: »Wenn wir dort sind, wirst du eine ganze Weile ohne mich auskommen müssen. Ich mache die Probe.«

Endris drehte sich so heftig zu ihm hin, dass sie von der schmalen Fläche glitt. Dilgo hielt sie fest und zog sie wieder zu sich.

Endris presste seine Finger und stieß hervor: »Nein, Dilgo! Das nicht! Letztes Jahr hat Gebor die Probe machen wollen. Und er ist nicht zurückgekehrt!«

»Talgor ist zurückgekehrt!«

»Ja, Talgor!«

Nun war es Dilgo, der so erregt auffuhr, dass er beinahe ins Rutschen kam. Er rief empört: »Soll das heißen, dass du mir nicht zutraust es Talgor gleichzutun?«

Endris drückte ihren Kopf an seine Brust. »So war es nicht gemeint, Dilgo. Ich habe eben Angst um dich. Du bist noch viel zu jung.«

Dilgo sprang auf. »Jetzt auch noch du!«, schrie er wütend.

Er rutschte den Felsen hinunter und begann den steilen Berg hinabzulaufen. Erst als er Endris hinter sich rufen hörte: »Dilgo! Komm doch zurück! Ich trau mich hier nicht allein herunter!«, hielt er an, dann kehrte er mit finsterem Gesicht zurück und half seiner Schwester.

Schweigend nahm er seinen Beutel und machte sich auf den Heimweg zum Lager. Endris folgte ihm ratlos. Sie konnte nicht mit ihm Schritt halten und blieb weit zurück.

Dilgo stürmte auf dem kaum wahrnehmbaren Pfad dahin, der in den vergangenen Monaten im Wald entstanden war, denn nicht nur Endris und er hatten die Höhle oft aufgesucht. Im Sommer würde der Pfad längst wieder völlig überwuchert sein und nichts würde mehr daran erinnern, dass in diesem Waldgebiet einmal Menschen gelebt, ihre Nahrung gesammelt und gejagt hatten.

Als er etwa die Hälfte des Weges zum Lager zurückgelegt hatte, blieb er plötzlich stehen. Da war es wieder: ein fernes, lang gezogenes Heulen. Dilgo setzte sich auf einen umgestürzten Baumstamm. Er runzelte die Stirn vor angestrengtem Horchen. Immer und immer wiederholte sich dasselbe schauerliche Klagelied. In den kurzen Pausen dazwischen spürte Dilgo die Stille fast schmerzhaft. Jedes Mal hoffte er, er würde eine Antwort auf dieses Heulen hören. Aber die Antwort blieb aus.

Endris kam auf dem Pfad herbei, stutzte, als sie Dilgo sah, und setzte sich neben ihn. Dilgo sah auf. Seine Augen waren groß und dunkel und schimmerten feucht.

»Ein einsamer Wolf«, sagte er leise. »Er ruft sein Rudel, aber die anderen antworten ihm nicht. Sie haben ihn ausgestoßen. Jetzt ist er ganz allein. Allein im unendlichen Wald.«

Dilgo fröstelte. Er stand auf. »Gib mir deinen Beutel, Endris, ich trage ihn für dich!«, sagte er und streckte die Hand aus. Dicht hintereinander legten sie die letzte Wegstrecke zurück und Dilgo vergewisserte sich immer wieder, dass seine Schwester nachkam.

*

Dilgo hob Endris aus dem Wasser und warf sie im flachen Bogen zurück in den Fluss. Prustend tauchte sie aus den Fluten wieder auf und schüttelte sich das Wasser aus dem Haar. Die Tropfen funkelten im Sonnenlicht.

»Dilgo! Mit mir auch!«, krähte der kleine Rion und streckte ihm vom Ufer seine Ärmchen entgegen. Dilgo lachte und warf Labons jüngsten Sohn hoch in die Luft, fing ihn auf und tauchte mit ihm in den Armen ins kalte Wasser, denn Rion konnte noch nicht schwimmen. Dann brachte er ihn zurück ans Ufer.

»Jetzt wollen wir mal sehen, ob wir das auch mit Dilgo können!«, rief Dilgos Freund Falbo und winkte einem anderen Jungen ihm zu helfen. Gemeinsam stürzten sie sich auf Dilgo. Die beiden waren kleiner und schmächtiger als er und er wehrte sie ab. Bald tauchte er einen, bald den anderen unter Wasser. Aber sie gaben nicht auf. Immer wieder versuchten sie ihn hochzuheben, und als sie einsehen mussten, dass ihnen das nicht gelang, drückten sie ihn wenigstens mit vereinten Kräften unter Wasser. Dilgo schluckte eine Menge Wasser und kam prustend wieder an die Oberfläche.

»Jetzt habe ich wenigstens keinen Durst mehr!«, lachte er. Er schwamm dorthin, wo ein kleiner Bach in den Fluss mündete. In dem sprudelnden Bachwasser watete er bis zu der Stelle, an der ihre Hütten auf einer Terrasse am trockenen Hang etwas oberhalb des Baches erbaut waren. Die Hütten waren an einem einzigen Tag errichtet gewesen, denn sie waren noch leichter gebaut als die des verlassenen Winterlagers und nach Südosten hin ganz offen. Dilgo ließ sich auf den Waldboden fallen, stützte die Arme auf und schaute seinem Großvater zu, wie dieser mit seinem feinen Steinmesser aus einem Knochenstück eine Harpunenspitze für den Fischfang schnitzte.

»Großvater, du hattest Recht! Ich glaube, an einer so schönen Stelle wie dieser hier haben wir noch niemals unser Sommerlager aufgeschlagen! Die Berge, der Bach, das Flusstal und vor allem das Wasser!«, sagte Dilgo, während er beobachtete, wie der alte Mann geschickt den dritten Widerhaken aus dem Knochen schnitt.

Der Großvater hielt die Harpunenspitze zwischen Zeigefinger und Daumen am ausgestreckten Arm in die Sonne und betrachtete sie prüfend. Dann hob er eine Feuersteinklinge auf, die er sich zurechtgelegt hatte, und begann damit die Spitze zu glätten.

»Wohin fließt der Fluss eigentlich?«, fragte Dilgo nach einer Weile.

»Erst gegen Mittag, dann ziemlich genau nach Sonnenaufgang, wenn man von seinen Biegungen absieht. Mehr als einen Tagesmarsch von hier entfernt mündet er in den Großen Fluss. Aber das ist nicht mehr unser Gebiet. Ich war selbst sehr lange nicht mehr dort. Doch die Gegend südlich von hier suchen wir gelegentlich auf.«

»In diesem Sommer auch?«

»Nein, in diesem Sommer nicht. Warum interessiert dich das?«

»Weil ich . . .« Dilgo brach ab und schwieg.

Der Großvater ließ die Arbeit sinken und sah Dilgo aufmerksam an. »Na?«, fragte er schließlich.

Dilgo setzte sich auf. Er biss sich auf die Lippen. Jetzt musste es heraus. Aber wenn es heraus war, dann war es endgültig. Bisher wussten nur er und Endris davon und seit jenem Streit auf ihrem Felsen vor der Höhle hatten sie nicht mehr daran gerührt. Er holte tief Luft und sagte dann viel zu laut: »Weil ich die Probe machen will!«

Gespannt schaute er seinen Großvater an.

Doch der nickte nur, nahm seine Arbeit wieder auf und meinte: »Das habe ich mir gedacht.«

Dilgo war enttäuscht. Was hatte er erwartet? Überraschung? Einwände? Anerkennung? Jedenfalls nicht das!

Männerstimmen wurden hörbar. Zwischen den Bäumen tauchten der Vater, der Onkel und Talgor auf. An einer Stange festgebunden, trugen sie ein erbeutetes Reh. Neben der Feuerstelle vor dem Hütteneingang ließen sie es zu Boden.

Aus den Nachbarhütten traten zwei Frauen: »Fein!«, freuten sie sich, »heute gibt es Rehbraten!«

»Dilgo, komm her!«, rief der Vater. Mit einer Kopfbewegung wies er auf das tote Reh und sagte knapp: »Häute es ab!«

Dilgo sah seinen Vater unsicher an. Meinte er das ernst? Er hatte zwar schon einige Male beim Enthäuten eines Tieres mitgeholfen und unzählige Male zugesehen. Aber ganz allein eine solche Arbeit zu verrichten! »Allein?«, fragte er zweifelnd.

Der Vater nickte: »Allein!«

Dilgo überlegte. Er wusste, dass die Männer ein Reh zum Schlachten an den Hinterläufen an einem Baum aufhängen würden. Aber er ganz allein würde das wohl kaum schaffen. Ob er wenigstens zum Aufhängen um Hilfe bitten sollte? Nein – wenn der Vater ihm diese Arbeit zutraute, dann wollte er auch beweisen, dass er sie leisten konnte, auch ohne dass das Reh aufgehängt wurde! Endlich wurde er nicht mehr wie ein Kind behandelt. Wenn er nur keinen Fehler machte!

Er kniete sich hin und drehte das Reh auf den Rücken. Aus dem Beutel am Gürtel nahm er sein Feuersteinmesser. Zunächst schnitt er oberhalb der Hufe das Fell rundherum auf. Dann begann er am einen Hinterbein. Vorsichtig schob er das Messer zwischen Fell und Fleisch und trennte das Fell auf der Innenseite auf. Nun das andere Hinterbein, der Bauchschnitt, der Schnitt an den Vorderbeinen! Und bloß nicht das Fleisch verletzen!

Vor Anspannung bekam er einen ganz roten Kopf. Verstohlen schielte er zu seinem Vater hinüber. Da bemerkte er, dass dieser ihn beobachtete, auch wenn er so tat, als achte er gar nicht auf ihn. Dilgo grinste.

Der Vater, der Onkel und Talgor hatten sich zum Großvater um die Feuerstelle gesetzt, andere Männer und Frauen waren dazugekommen, sie unterhielten sich und lachten. Das Reh würde auf Tage hinaus für die ganze Gruppe zum Essen ausreichen, das war ein Grund zum Feiern. Nach den anstrengenden Tagen der Wanderschaft und des Lagerbaus begannen nun die freien und unbeschwerten Tage des Frühlings und des Sommers.

Das Aufschneiden war geschafft. Nun begann Dilgo klopfend und ziehend das Fell vom Körper zu lösen. Und jetzt das Schwerste: das Herausnehmen der Innereien. Dilgo zerbiss sich die Lippen, während er den Bauch aufschnitt. Pass auf die Gallenblase auf, pass auf den Darm auf, hämmerte er sich selbst immer wieder ein. Es gelang. Aber der Brustkorb musste noch geöffnet werden! Das Messer blieb im Knochen stecken.

Schweiß strömte an Dilgo herab. So helft mir doch!, hätte er am liebsten geschrien. Er sah auf. Da begegnete sein Blick dem seines Großvaters. Der nickte ihm aufmunternd zu. Dilgo beugte sich wieder über seine Arbeit. Er bog die Knochen etwas auseinander, bis sich das Messer herausziehen ließ.

Und dann war es geschafft.

Dilgo richtete sich auf und trat zu den anderen. »Fertig!«, sagte er nur, aber er war so stolz, dass er laut hätte schreien mögen.

Der Vater begutachtete sein Werk und schlug ihm anerkennend auf die Schulter: »Na also! Du kannst es ja!«

»Das muss er wohl auch«, meinte der Großvater, »er will ja auch erwachsen sein.« Dann blinzelte er Dilgo zu und fügte hinzu: »Sag's ihm!«

»Was soll er mir sagen?«, forschte der Vater argwöhnisch.

»Dass ich die Probe machen will«, murmelte Dilgo und seine Stimme kippte mitten im Satz.

Labon pfiff hoch durch die Zähne. Danach herrschte Schweigen. Schließlich sagte die Mutter: »Du hättest gut und gern noch ein oder zwei Jahre Zeit bis dahin, Dilgo!«

»Nein!«, antwortete Dilgo heiser.

»Du musst auch gar nicht!«, fuhr Labon fort.

»Ich weiß.«

»So, du weißt!«, erwiderte der Vater. »Und was weißt du über die Probe?«

»Ich muss von Vollmond bis Vollmond ganz allein im Wald leben, fernab von unserem Lager. In einer Gegend, die ich noch nie betreten habe. Ich darf an Werkzeugen nur mitnehmen, was ich selbst hergestellt habe, und nichts zum Essen. Ich darf meinen Kopf zum Schlafen nicht zweimal an die gleiche Stelle legen. Ich muss allen Gefahren alleine ausweichen und den Weg alleine zurückfinden. Wenn ich jemandem von uns begegne oder die Spuren eines unserer Leute sehe, habe ich die Probe nicht bestanden. Wenn ich sie aber bestehe und zurückkehre, so werde ich unter die Männer aufgenommen.«

Der Vater fragte: »Und das alles willst du tun?«

»Ja.«

»Na dann! In drei Tagen ist Vollmond.«

Kapitel 2
Mirtani

Langsam ging Mirtani in die Knie, fasste mit beiden Händen das schwere, dickbauchige Wassergefäß auf ihrem Kopf und setzte es vorsichtig ab. Sie tauchte die Hand ins Wasser und strich sich dann zur Kühlung über die Stirn. Es ging auf Mittag zu und die Sonne brannte vom Himmel. Obwohl die regnerische Zeit noch nicht lange vorbei war, wurde es schon heiß.

»He, Mirtani, beeil dich! Ich brauche Wasser!«, rief ihr Schwager. Er stand in der Grube neben der Hausbaustelle und stampfte mit nackten Beinen den Lehm. Bis zu den Waden versank er in dem zähen Matsch, den er unermüdlich knetete.

Mirtani ergriff das Wassergefäß, kniete am Rand der Grube nieder und begann es dorthinein zu entleeren.

»Nicht da an den Rand! Zu mir her, vor meine Füße!«, brummte der Schwager unwirsch.

Mirtani bemühte sich das Wasser mit Schwung bis an die gewünschte Stelle zu gießen, doch sie hatte wohl etwas zu viel des Guten getan. Braune Lehmspritzer beschmutzten den Kittel des Schwagers.

»So pass doch auf, was du tust!«, fuhr dieser sie an.

Da nahm Mirtani das Gefäß und goss den Rest in einem Aufwallen von Übermut und Zorn über dem Schwager aus.

»Jetzt bist du wieder sauber!«, rief sie lachend, nahm das Wassergefäß und rannte davon.

Sie lief über den freien Platz zwischen dem Wohnhaus ihrer

Familie und dem Nachbarhaus, den Pfad durch das grünende Getreidefeld auf das Tor zu. Erst als sie den Zaun, der Teile des Dorfes umschloss, hinter sich gelassen und den Abhang zum Flusstal hinunter erreicht hatte, blieb sie stehen und sah sich um. Nein, der Schwager war ihr nicht gefolgt. Fragte sich nur, wie er sie empfangen würde, wenn sie zurückkam.

Plötzlich begann sie zu lachen. Es war ein so komisches Bild gewesen, wie der Schwager so begossen im Schlamm stand!

»Was ist denn so lustig, Mirtani? Macht dir das Wassertragen so viel Spaß?«, hörte sie hinter sich die Stimme ihrer Schwester.

Mirtani drehte sich um. Die Schwester zwängte sich gerade aus dem dichten Gebüsch, das auf der steilen Böschung wucherte. Ihre Arme und Beine waren von Dornenranken zerkratzt, in ihrem Haar hatte sich ein dürrer Zweig verfangen. Auf dem Rücken trug sie ein großes, sauber geschnürtes Bündel langer, biegsamer Haselruten.

»Ach, Efnidi, Schwesterherz!« Mirtani lehnte sich an die große Schwester und lachte noch immer. »Dein Mann wird gar nicht gut auf mich zu sprechen sein!«

»Du bist es ja auch nicht auf ihn, so scheint es mir.«

»Weil er nicht aufhören kann mich herumzukommandieren! Machst du jetzt Pause?«, fragte Mirtani dann und legte sanft ihre Hand auf den gewölbten Leib ihrer Schwester, denn eben war ihr gewesen, als habe sie das Kind strampeln gesehen.

»Nein, ich habe gerade ein gutes Haselgebüsch gefunden und will noch ein Bündel Ruten schneiden. Vater und Sandor machen mit dem Flechten der Wände so schnell, dass wir mit dem Rutenschneiden kaum nachkommen. Holst du mir noch Wasser, damit ich die Ruten gleich einweichen kann?«

»Für dich mache ich alles!«, antwortete Mirtani und lief auf dem Weg den Hang ins Flusstal hinunter.

Schwüle Hitze schlug ihr aus dem Sumpf entgegen. Flügelschlagend stieg ein Schwarm Graugänse aus dem Schilf auf. Sie blieb stehen und blickte ihnen nach. Doch dann hörte sie das Schreien. Es kam vom Fluss. Hohe Kinderstimmen, die angstvoll um Hilfe schrien.

Mirtani stellte das Wassergefäß ab und rannte los, so schnell sie konnte. Es war nicht weit bis zum Fluss und doch erschien ihr der Weg endlos. Sie konnte die Kinder nicht sehen, das Schilf verdeckte ihr die Sicht.

Schon war sie am Großen Fluss. Breit und mächtig, glitzernd im Sonnenlicht, strömte er dahin. Doch sie achtete nicht auf seine Schönheit. Sie sah die beiden kleinen Nachbarskinder, die wild schreiend am Uferstreifen liefen. Als Mirtani vorhin Wasser geholt hatte, waren es drei Kinder gewesen, die am Fluss gespielt hatten.

Und jetzt sah sie auch den Kopf des dritten Kindes, den Kopf von Lurini. Ein Stück unterhalb tauchte er kurz im Fluss auf, weit vom Ufer entfernt, dort wo die Strömung stark war. Und schon war er wieder verschwunden.

Mirtani hetzte am Ufer entlang, überholte die Kinder, die Augen stets auf den Wasserspiegel gerichtet, sah den blonden Kopf noch einmal auftauchen und sprang ins Wasser. Wenige Schritte, dann war sie im Tiefen. Sie ließ sich von der Strömung mitnehmen und schwamm mit kräftigen Stößen.

Verzweifelt suchten ihre Augen das Kind. Doch sie konnte das Köpfchen nirgends entdecken. Hier irgendwo musste es doch sein! Sie tauchte. Das Wasser, das während der Schneeschmelze und des langen Regens bräunlich trüb verfärbt war, war seit einigen Tagen wieder klar und durchsichtig. Doch sosehr sie ihre Augen auch anstrengte: Lurini war nicht zu sehen.

Nach Atem ringend, tauchte sie wieder auf. »Da! Da!«, hörte sie die Stimmen der Kinder am Ufer.

Sie schaute in die Richtung, in die die Kleinen zeigten, und da war ihr, als sehe sie etwas. Rasch schwamm sie hin. Mit dem Gesicht nach unten trieb das Kind still im Wasser, dicht unter der Oberfläche. Sie griff seinen Kopf, hob ihn aus dem Wasser, schwamm auf dem Rücken zum Ufer. Das Kind regte sich nicht.

Mirtani erreichte das Land und zog das Kind heraus. Brennnesseln brannten an Füßen und Beinen. Sie merkte es nicht. Sie kniete neben dem kleinen Mädchen und starrte in das stille weiße Gesicht.

Hinter sich hörte sie die beiden anderen Kinder weinen: »Sie ist tot. Tot!«

Da sprang Mirtani auf und rief zornig: »Nein!« Und sie riss das Mädchen an den Füßen in die Höhe, setzte ihren linken Fuß auf einen großen Stein, legte das Kind über ihr Knie, sodass sein Kopf über dem Boden baumelte, und begann wie wild auf seinen Rücken einzuschlagen.

Ein Schwall Wasser ergoss sich aus Lurinis Mund und dann begann sie zu husten, zu röcheln und wimmernd Atem zu holen. Mirtani hörte auf das Kind zu schlagen, sie drückte und streichelte seinen Rücken, bis das Spucken und Husten ein Ende hatte. Dann nahm sie die Kleine auf den Arm.

»Lurini hat gesagt, sie kann schwimmen! Und wir wollten es nicht glauben! Da hat sie es uns vorgemacht! Sie kann es wirklich, ein bisschen! Aber dann ist sie ins Tiefe gekommen! Und dann . . .«, riefen die beiden anderen Kinder aufgeregt durcheinander.

»Lurini, kleines Dummerchen!«, flüsterte Mirtani und drückte den Kopf des Mädchens an ihr Gesicht.

Mit Lurini auf dem Arm ging sie den Fluss entlang bis zum Weg und dann dem Dorf entgegen. Als sähe sie es zum ersten Mal, schaute sie auf die steile Böschung, die sich aus dem flachen, weiten Flusstal erhob, auf den Einschnitt in dieser Böschung, den sich der Weg hinaufzog, auf die strohbedeckten Dächer der großen Wohnhäuser. Auf einmal erschien ihr alles ganz unwirklich.

Lurini wurde ihr sehr schwer, aber sie hielt sie weiter fest an sich gedrückt. Auf der Suche nach ihrer Schwester Efnidi näherte sich Mirtani der Hausbaustelle. Lurini war die kleine Schwester von Efnidis Mann, und da Lurinis Eltern tot waren, vertraten Efnidi und er Elternstelle bei ihr.

»Na warte, Mirtani! Dich kriege ich!«, hörte sie ihren Schwager schreien. Er tauchte aus der Grube auf und kam ihr voller Wut nass und schlammbespritzt entgegen. Doch als er sah, wie blass und schwach seine kleine Schwester in Mirtanis Armen lag, stutzte er: »Was ist mit Lurini?«

»Sie wäre beinahe ertrunken, während wir alle an nichts anderes denken als an diesen verdammten Hausbau!«, antwortete Mirtani mit Tränen in den Augen, drückte ihrem Schwager das Kind in die Arme und lief ins Wohnhaus.

Plötzlich fühlte sie sich unglaublich erschöpft. Nass, wie sie war, ließ sie sich auf ihr Strohlager fallen und weinte. Sie zitterte am ganzen Körper.

Efnidi kam herein, kniete schwerfällig neben ihr nieder und streichelte ihr nasses Haar. »Mirtani, Mirtani«, sagte sie zärtlich, »du bist selbst noch ein Kind und hast einem Kind das Leben gerettet. Komm, zieh dir ein trockenes Kleid an und iss etwas Brot, damit du wieder zu Kräften kommst.«

*

Lurini wälzte sich unruhig im Schlaf. Ihr Knie bohrte sich in Mirtanis Bauch. Mirtani wachte auf. Vorsichtig drehte sie Lurini von sich weg zur Seite, aber diese drängte sich sofort wieder eng an sie. Seufzend legte Mirtani den Arm um das kleine Mädchen. Jetzt würde sie nicht mehr schlafen können. Seit sie Lurini aus dem Fluss gerettet hatte, wich diese ihr nicht mehr von der Seite, wollte nicht mehr anders schlafen als an Mirtani gekuschelt. Das konnte schon lästig sein, aber schön war es doch.

Gedankenverloren rieb Mirtani eine Strähne von Lurinis Haar zwischen ihren Fingern. Früher war es Tegris gewesen, mit der sie das Lager geteilt, die sich im Schlaf an sie geschmiegt hatte. Tegris, die kleine Schwester, die sie geliebt hatte wie niemand sonst. Nun war sie tot.

Im letzten Spätherbst, als die ewigen Nebel aus den Sümpfen aufgestiegen waren und der kühlen Feuchte wegen ständig ein Feuer im Wohnhaus gebrannt hatte, hatte ein böser Husten Tegris gequält. In der rauchgebeizten Luft des Hauses hatte sie keuchend nach Atem gerungen. Da war die Mutter mit ihr vors Haus gegangen. Aber draußen hatte Tegris zu frieren begonnen. Von Schüttelfrost gepackt, hatte sie schließlich dicht neben dem Feuer gelegen, zitternd trotz der warmen Felle, mit denen sie zugedeckt war. Ihr Atem war nur noch flach und stoßweise gegangen. Und dann war sie gestorben. Wie Bigor, der jüngere Bruder. Und wie viele andere.

Mirtani dachte angestrengt nach. Dann schüttelte sie den Kopf. Sie konnte sich nicht erinnern, wie viele Geschwister die Mutter geboren hatte, hilflose Geschöpfe, die gleich bei ihrer Geburt oder bald danach gestorben waren.

Nun war sie, Mirtani, die Einzige, die der Mutter geblieben war. Aber sie hatte die beiden großen Geschwister, den Bruder Sandor und die Schwester Efnidi, keine richtigen Geschwister, Halbgeschwister, denn Vater hatte vor Mutter schon eine andere Frau gehabt. Die war bei einer Geburt gestorben.

Bei einer Geburt! Mirtanis Finger schlossen sich zur Faust. Lurini murmelte unwillig im Schlaf, denn Mirtani hatte ihr

Haar fest gepackt. Mirtani setzte sich auf. Es konnte nicht mehr lange dauern, bis Efnidi ihr erstes Kind gebären müsste. Wenn ihr dabei nur nichts zustieß!

Mirtani stand leise auf. Im Haus war es noch dunkel, aber sie war sich sicher, dass die Nacht bald zu Ende ging. Vorsichtig tastete sie sich durch den großen Raum, bemüht keines der schlafenden Familienmitglieder zu wecken und nirgendwo anzustoßen. Schließlich hatte sie die Tür erreicht, fand nach einigem Suchen den Riegel, schob ihn zurück und öffnete die Tür.

Einen Augenblick blieb Mirtani vor dem Haus stehen und blickte in die Ferne. Gerade vor ihr, jenseits des Flusses, ging das Dunkel des Himmels schon in Grau über. Mirtani lief längs der Schmalseite des Hauses entlang und wandte sich nach Westen, dem Wald zu.

Sie überquerte den großen freien Platz zwischen der Längsseite ihres Hauses und der des Nachbarhauses. Schwach konnte sie den Pfad erkennen, der zum Wald führte. Wie ein riesiges Gerippe zeichnete sich der Dachstuhl von Efnidis zukünftigem Haus vor dem Himmel ab. Beinahe wäre sie in die Lehmgrube gestolpert, die sich neben dem Haus hinzog. Am Zaun, der diesen Teil des kleinen Dorfes gegen den Wald abgrenzte, blieb sie zögernd stehen. Sollte sie es wirklich wagen, vor Sonnenaufgang in diesen finsteren, unheimlichen Wald zu gehen? Vielleicht genügte auch ein Büschel des Getreides, das auf dem Feld nahe dem Dorfe wuchs?

»Nein!«, sagte sie laut vor sich hin, um sich Mut zu machen. »Ich will der Göttin das Wertvollste opfern, was wir haben, damit sie Efnidi beschützt! Und wenn es mir schwer fällt, stimmt es die Göttin vielleicht besonders gnädig!«

Entschlossen öffnete sie das Tor und trat hinaus. Sorgfältig schloss sie es wieder hinter sich, damit keine Rehe oder Hasen in der Morgendämmerung eindringen und die zarten Gemüsepflanzen in den Gärten fressen konnten. Dann ging sie auf dem Pfad in den dunklen Wald.

Schon nach wenigen Schritten bekam sie Angst. Der nächtliche Wald war voller unbekannter Geräusche. Wie drohende Ungeheuer sahen die Bäume und Sträucher aus, die sich am Wegrand drängten. Leise schrie sie auf, als etwas ihr Gesicht berührte. Zitternd tastete sie danach – es war der Zweig eines Busches. Mit laut klopfendem Herzen blieb sie stehen. Wenn sie bloß umkehren könnte!

Sie wartete, bis sich der Sturm in ihrem Inneren etwas gelegt hatte, dann drang sie weiter in den Wald vor. Jeder Schritt erforderte Überwindung. Aber sie hatte sich vorgenommen das im Wald ganz neu angelegte Weizenfeld aufzusuchen.

Im Winter hatten die Männer dort einen Teil der Bäume gefällt, die sie zum Bau von Efnidis Haus brauchten, und die ungeeigneten Bäume und Sträucher niedergebrannt. So war als kleine Insel im endlosen Wald ein neues Feld entstanden, auf dem sie den besten Weizen angesät hatten, den sie besaßen, eine Sorte, die sich leicht ernten ließ, da die Körner fest auf den Halmen saßen und nicht schon bei der geringsten Berührung herausfielen. Und nächstes Jahr würden sie dem Wald wieder ein neues Feld abringen, ein Feld, das einmal Mirtani gehören würde. Der Vater hatte schon eine gute Stelle ausgesucht und den großen Bäumen die Rinde abgeschält, damit sie austrockneten und sich leicht niederbrennen ließen.

Endlich hatte sie das Feld erreicht und wollte eben die Pforte im Zaun öffnen, der es umgab, als sie vor Schreck erstarrte. Da, mitten im Feld, war etwas. Ein dunkler Schatten. Nun bewegte er sich! Zahllose drohende Arme streckten sich ihr entgegen. Ein böser Waldgeist? Ein Erdungeheuer? Und dahinter ein zweiter, kleinerer!

Mirtani schrie auf. Da wandten sich die Schatten zur Flucht, sprangen über das Feld, setzten über den Zaun und verschwanden im Wald. Nun erkannte sie, was sie so erschreckt hatte: Hirsche. Es waren ein Hirsch und eine Hirschkuh gewesen, die scheinbaren Arme das Geweih. Hirsche!

Ihre Angst verflog im Zorn. Was mochten die Tiere für Schaden angerichtet haben! Wer weiß, wie lange sie schon hier geäst hatten! Sandor – das alles war Sandors Schuld. Sie hatte ihm doch gesagt, dass der Zaun an der einen Stelle zu niedrig sei. Aber er hatte sie nur ausgelacht. Dabei war er bloß zu faul gewesen den Zaun zu erhöhen. Hätte er ihn eben gleich anständig gebaut! Aber auf sie hörte ja keiner, auch nicht, wenn sie Recht hatte. Nur, weil sie die Jüngste war! Zu jung, um etwas zu sagen zu haben. Alt genug, um den ganzen Tag arbeiten zu müssen! Mirtani strich sich Tränen der Wut aus den Augen. Es hatte so viel Mühe gemacht, mit der Hacke aus Hirschgeweih den zähen Boden zu lockern und mit dem hölzernen Haken unzählige Furchen zu ziehen, in die die kostbaren goldgelben Körner sorgfältig versenkt wurden! Nach einem solchen Tag der Feldarbeit schmerzte der Rücken, als wollte er zerbrechen. Und nun das!

Erst jetzt erinnerte sie sich, warum sie hierher gekommen war. Efnidis wegen. Sie wollte die besten Getreideschösslinge der Göttin für Efnidi opfern.

Mirtani kniete nieder. Inzwischen war es etwas heller geworden, schwach konnte sie die Saat erkennen. Zart strich sie mit der Hand über die schmalen Pflanzen. Wie hoch sie schon standen! Und wie kräftig sie waren! Viel höher und kräftiger als der Weizen auf den alten Feldern in der Nähe des Dorfes. So schön wuchs Getreide nur auf einem neuen Feld, auf Land, das eben erst dem Wald abgerungen war. Als würde die Erde sich darüber freuen, endlich Frucht bringen zu dürfen!

Büschelweise riss sie die Pflanzen mit ihren Wurzeln heraus. Als sie zwei Hände voll hatte, stand sie auf. Das würde genügen. Auf ein solches Opfer musste die Göttin wohlwollend blicken! Sie verließ das Feld und rannte, so schnell sie konnte, durch den Wald zum Dorf zurück. Bald würde die Sonne aufgehen. Bald würde das Dorf erwachen. Dann würde die Arbeit beginnen und es würde keine Zeit mehr sein. Arbeit gab es immer genug, aber seit das Haus für Efnidi und ihre neue Familie gebaut wurde, war es kaum mehr zu schaffen.

Mirtani schlich ins Haus zurück, entfachte die Glut in der Herdstelle, zündete einen Kienspan an und steckte ihn in den Boden vor dem kleinen Altar im hintersten Teil des Hauses. Ehrfürchtig schaute sie im flackernden Schein auf die in groben Umrissen geschnitzte Holzfigur, welche die Göttin darstellte: eine schmale, sitzende Frau mit nur angedeuteten Gesichtszügen, die auf ihrem Schoß eine Schale hielt, mit der sie das Opfer der Sterblichen entgegennahm.

Mirtani legte das Büschel Weizenpflanzen in die Opferschale und flüsterte: »Du Große, du Gütige und du Erhabene, ich bitte dich, beschütze Efnidi! Und wenn es geht, auch ihr Kind!«

*

»Mirtani, hol neuen Lehm!«, sagte Sandor.

Das Mädchen strich sich den Lehm von den Fingern und schaute ärgerlich zu ihrem Bruder hinüber. Eben erst hatte er sie angestellt dabei mitzuhelfen, das Rutengeflecht zwischen den Pfosten der langen Hauswand mit dem Gemisch aus Lehm und Stroh zu bestreichen, und nun hatte er schon wieder einen anderen Auftrag für sie!

»Mirtani hol! Mirtani bring! Mirtani mach!«, murmelte sie vor sich hin, aber sie nahm den Holzkübel und ging zur

Lehmgrube. Lurini saß mitten in der Grube, nackt und von oben bis unten mit dem rotbraunen Matsch beschmiert.

Mirtani musste lachen: »Lurini, wie siehst du denn aus!«

»Das macht Spaß!«, erklärte Lurini ernsthaft. »Schau mal, was ich gemacht habe!« Sie hielt der großen Freundin einen Lehmklumpen hin.

»Was ist das, Lurini?«

»Eine Kuh!«

»Soll ich dir mal eine formen?«

»Au ja, bitte, Mirtani, gleich!«

Mirtani kauerte sich neben dem kleinen Mädchen in die Grube, nahm einen Klumpen Lehm, knetete ihn zwischen den Fingern und begann ihn zu formen: Kopf, Hörner, Rücken, vier Beine, Schwanz.

»Eine Kuh!«, staunte Lurini.

»Und jetzt pass auf!« Mirtani nahm etwas Lehm und drückte ihn auf den Nacken der Kuhfigur. Dann formte sie die Hörner nach, bis sie schön gebogen waren. Vor Freude darüber, wie gut ihr das gelang, vergaß sie alles um sich herum.

»Ein Stier!«, rief Lurini voller Begeisterung.

»Ja, ein Stier«, antwortete Mirtani und drückte den Kopf der Lehmfigur etwas nach unten, sodass der Stier die Hörner zum Angriff zu senken schien. Ihr Herz klopfte. Plötzlich fühlte sie sich glücklich und leicht. Sie hielt den kleinen Stier auf der flachen Hand vor sich und sagte: »Und jetzt mach ich dir noch ein Kälbchen dazu!«

Da hörte sie ihren Bruder schreien: »Was ist mit dem Lehm, Mirtani? Wie lange willst du noch brauchen?«, und drohend kam die Stimme des Vaters dazu: »Gleich hole ich dich!«

Mirtani zerquetschte die Lehmfigur in ihrer Hand und warf den formlosen Klumpen in den Eimer. Mit beiden Händen füllte sie Lehm ein.

Lurini weinte: »Warum hast du das gemacht! Der schöne Stier!«

»Wein nicht, Lurini, spiel! Spiel, solange du noch Zeit dazu hast!«

Kapitel 3
Dilgo

Ich begleite dich ein Stück!«, sagte Talgor, als Dilgo sich von seiner Familie und allen Leuten der Gruppe verabschiedet hatte.

Dilgo nickte und ging voran. Endris, die Eltern, der Großvater, alle Verwandten und Freunde winkten ihm nach. Dilgo winkte nur einmal kurz zurück, dann lief er sehr rasch weiter, ohne sich umzudrehen. Erst als er sicher war, dass sie vom Lager aus nicht mehr zu sehen waren, verlangsamte er den Schritt.

Schweigend gingen die beiden nebeneinander. Schließlich sagte Dilgo zögernd: »Als du damals nach der Probe zurückgekommen bist, hast du gesagt, es war ganz leicht.«

Talgor lachte: »Ja, das habe ich gesagt. Nur hat es nicht ganz gestimmt. Manchmal war es leicht. Aber manchmal habe ich auch Angst gehabt. Aber wer mag das schon zugeben!«

»Jetzt gibst du es doch zu.«

»Ja, jetzt. Weil du selber gehst. Und weil ich möchte, dass du weißt, was dich erwartet. Mir hat es damals mein Bruder gesagt.«

Talgor schwieg. Sein Bruder war im letzten Winter an einem bösen Fieber gestorben und er hatte seinen Tod noch nicht verwunden. Nach einer Pause fuhr er fort: »Es gibt Augenblicke, weißt du, in denen man sich allein im Wald schrecklich einsam, verloren und schutzlos fühlt, und alles um einen herum ist feindlich. Dann hilft nur eins: Du darfst nicht gegen den Wald ankämpfen. Du musst ein Teil von ihm werden. Dann beschützt er dich. Wer das einmal gelernt hat, vergisst es nie wieder.

So, weiter als bis hier gehe ich nicht mit. Merke dir den Lauf des Flusses und merke dir immer die Richtung, in die du gegangen bist. Dann findest du auch zurück. Mach's gut!«

»Danke!«, sagte Dilgo tonlos und ging weiter, ohne sich noch einmal umzusehen.

Dilgo wollte erst einen Tag lang dem Fluss folgen, ehe er sich nach Süden durchschlug, und hatte gehofft im Flusstal bleiben zu können, aber das erwies sich bald als unmöglich. Hier wuchs so dichtes Gestrüpp, dass kaum an ein Durchkommen zu denken war, und der Boden wurde immer sumpfiger. Dilgo blieb nichts anderes übrig als den steilen Berghang nördlich des Flusses hinaufzusteigen. Nun befand er sich auf einer von sanften Hügeln durchzogenen Hochfläche, die zum Flusstal hin tief abbrach. Am Rande dieses Abbruchs bahnte er sich seinen Weg. Er nutzte jede Gelegenheit auf Felsvorsprünge oder hohe Bäume zu klettern, um sich einen Überblick zu verschaffen, denn der dichte Wald nahm ihm die Sicht. Beinahe war er für diese Schwierigkeiten dankbar, die ihn die Einsamkeit vergessen ließen.

Dilgo ging den ganzen Tag, ohne eine Pause zu machen. Er begriff selbst nicht, was ihn so rasch vorantrieb. Unermüdlich folgte er dem Flusslauf.

Erst am späten Nachmittag zwang ihn ein Taleinschnitt von der Höhe hinabzusteigen. Erschöpft, erhitzt und sehr durstig, kämpfte er sich durch die Zweige des dichten Gestrüpps an den Fluss, um Wasser zu trinken.

Überrascht sah er sich dort um. Er hatte zwar von seinen Aussichtspunkten aus den Fluss immer wieder gesehen, aber wie sehr sich dieser verwandelt hatte, merkte er erst jetzt. Das war nicht mehr der schmale, rasch fließende Fluss, in dem er mit seinen Freunden gebadet hatte. Das war ein breiter Fluss, der still und träge wie ein See dalag, dessen Wasser sich kaum zu bewegen schien. Umso mehr lud es zum Baden ein!

Dilgo warf den Fellsack ab, löste seinen ledernen Lendenschurz und sprang ins Wasser. Rasch schwamm er dem gegenüberliegenden Ufer zu. Dann drehte er sich auf den Rücken und ließ sich treiben.

Rechts und links des Flusses war das Tal nicht breit, steil stiegen die Berge in die Höhe. Auf der nördlichen Seite leuchteten in den grün bewaldeten Abhängen hohe senkrechte Felswände und auch am gegenüberliegenden Ufer konnte er Felsen zwischen den Bäumen ahnen.

Dilgo stieß einen lauten Freudenschrei aus. Das war eine Landschaft nach seinem Herzen! Hier ließe es sich aushalten, hier gäbe es etwas zu erleben und hier würde er vielleicht auch einen geschützten Schlafplatz oder gar eine Höhle finden.

Gemächlich nahm das Wasser Dilgo mit flussabwärts. Die Felsen am nördlichen Ufer schimmerten rotgolden im Schein der Abendsonne. Dilgo überlegte, wo er sein Lager für diese Nacht suchen sollte. Doch dann hörte er das Heulen.

Ganz nah war es. Es kam aus dem Gebüsch am südlichen Flussufer, keinen Steinwurf weit von Dilgo entfernt. Das Heulen eines Wolfes. Und dann fielen ein zweiter und ein dritter ein und mehr und mehr folgten. Dilgo konnte nicht mehr unterscheiden, wie viele Wölfe sich da versammelt hatten.

Mit klopfendem Herzen verharrte er still im Wasser. So nah war er noch nie einem heulenden Wolfsrudel gewesen und dazu war er noch ganz allein auf sich gestellt. Was sollte er tun? Zum nördlichen Ufer schwimmen und versuchen sich so leise wie möglich davonzumachen? Oder sich anschleichen?

Prüfend hob er die Hand aus dem Wasser. Der Wind strich vom Westen her das Flusstal entlang. Wenn er sich von Osten näherte, würden ihn die Wölfe nicht wittern können. Er hatte sich schon immer gewünscht einmal ganz in Ruhe ein Wolfsrudel beobachten zu können!

Ein Stück ließ er sich noch vom Fluss mitnehmen, bis er sicher war weit genug an dem Rudel vorbei zu sein. Dann schwamm er ans südliche Ufer. So behutsam wie möglich stieg er an Land. Er schlich dem immer mehr anschwellenden Geheul der Wölfe entgegen. Seine Sinne waren bis aufs Äußerste gespannt. Nur jetzt auf keinen Ast treten oder keinen Zweig zurückschnellen lassen! Nur ja nicht die Aufmerksamkeit der Wölfe erregen!

Der Wald lichtete sich, grün und blühend wucherte eine Wiese unter hohen Bäumen. Und hier war das Rudel!

Hinter dem dicken Stamm einer alten Eiche versteckt, beobachtete Dilgo die Tiere. Einige Wölfe lagen noch schlafend unter den Bäumen, die meisten aber hatten sich aufgerichtet und heulten mit steil in den Himmel gereckten Schnauzen. Nach und nach hoben auch die letzten Wölfe die Köpfe und stimmten in das Heulen ein. Der Wald und die Berge hallten von dem schaurigen Lied wider.

Erst jetzt fiel Dilgo der Wolf auf dem Felsen auf. Groß war er und schön. Seidig schimmerte sein graubraunes Fell. Dies musste der Anführer des Rudels sein: Hoch hatte er den Kopf erhoben, aufmerksam die Ohren gespitzt und der buschige Schwanz zeigte gerade nach oben. Witternd blickte der Wolf nach allen Richtungen. Dilgo hielt den Atem an, als das große Tier den Kopf in alle Richtungen drehte, aber es schien ihn nicht zu bemerken.

Dann plötzlich brach ein junger Rüde das Heulen ab und sprang im spielerischen Angriff auf ein junges Weibchen zu. Dieses wandte sich zur Flucht und hetzte davon. Da es schneller im Kreis lief als der Angreifer, wurde aus dem Jäger der Gejagte, aus dem Fliehenden der Angreifer. Andere Wölfe sprangen auf und hetzten hinterher. Ein erwachsenes Weibchen warf ein anderes um und schnappte scheinbar nach dessen Hals. Beide wälzten sich im Gras. Und schon begann ein allgemeines Geraufe. Spielerisch kämpften die Wölfe um den besten Platz auf einem umgestürzten Baumstamm. Wer vertrieben wurde, sprang ins Wasser und rannte Tropfen sprühend wieder heraus. Alle Wölfe beteiligten sich nun an dem wilden Spiel, nur der Leitwolf stand sichernd auf seinem Felsen.

Dilgo war von einem unbeschreiblichen Glücksgefühl erfüllt. So nah und unbemerkt ein Rudel spielender Wölfe beobachten zu können, das hätte er kaum zu hoffen gewagt. Jetzt wollte er noch näher heran, wollte noch besser sehen. Vorsichtig schlich er sich aus dem Schutz des Baumes näher an die Tiere heran. Da wandte der Leitwolf den Kopf und bemerkte ihn. Dilgo schrak zusammen. Der Wolf ließ ein kurzes, warnendes Wuffen hören. Sofort brachen alle anderen Wölfe das Spiel ab und scharten sich um ihn. Und dann verschwand das Rudel bergan im Gesträuch.

Dilgo blieb mit rasendem Herzen zurück. Obwohl er wusste, dass Wölfe nur äußerst selten Menschen ohne Grund angreifen, steckte ihm der Schreck in den Gliedern. Aber bald kehrte mit der Erleichterung die Freude zurück: Das war ein Anfang seiner Probezeit! Wenn er zurückkehrte, würde er etwas zu erzählen haben. Doch für heute hatte er genug erlebt.

Als er in den Fluss zurückwollte, um ans andere Ufer zu schwimmen und seinen Fellsack und den Lederschurz zu holen, sah er im Gebüsch die Überreste der letzten Mahlzeit der Wölfe. Offensichtlich hatten sie ein altersschwaches Reh gerissen und gemeinsam verzehrt, aber sie waren satt gewesen, ehe sie alles restlos aufgefressen hatten.

Dilgo kniete nieder und untersuchte, was die Wölfe übrig gelassen hatten. Er strahlte, als er die zwei unversehrten Knochen der Hinterläufe entdeckte. Knochenmark war seine Lieblingsspeise und es gab Kraft wie kaum eine andere Nahrung.

Er nahm die beiden Knochen und schwamm mit ihnen durch den Fluss. Als er seine Sachen wieder gefunden hatte, kauerte er sich hin und grub eine Mulde in den Erdboden, die er sorgfältig mit seinem Lederschurz auskleidete und dann mit klarem Wasser füllte. Nun würde er noch ein Feuer entfachen und darin Steine erhitzen müssen, um mit diesen das Wasser zu erwärmen. Dann könnte er die Knochen abkochen und endlich das Knochenmark schlürfen und die Brühe trinken. Die Probe hatte gut begonnen!

*

Dilgo wachte auf. Finsternis umgab ihn. Nicht der geringste Schein drang durch die Bäume. Es mussten Wolken aufgezogen sein, die den Mond und die Sterne verdunkelten.

Dilgo zog fröstelnd seinen großen Fellsack enger um die Schultern. Es war kühl geworden. Nun bereute er, dass er am Abend vor Müdigkeit darauf verzichtet hatte, sich einen geschützten Schlafplatz zu bauen und ein Feuer zu entfachen.

Was knackte da im Gebüsch? Irgendetwas schlich sich von hinten an. Dilgo lief es kalt den Rücken hinunter. Er tastete nach dem Steinbrocken, den er sich vor dem Schlafen für alle Fälle bereitgelegt hatte. Angst stieg in ihm auf. Wenn das nun ein Bär war? Ihm wurde heiß. Wenn er nur etwas sehen könnte! Wenn er wüsste, welche Gefahr dort lauerte! Wenn er nur nicht so allein wäre, so furchtbar allein!

Er hielt es nicht mehr aus. Er sprang auf und rannte. Nach wenigen Schritten stieß er sich den Kopf an einem Baum. Er schrie laut und rannte weiter. Zweige peitschten sein Gesicht. Dann stolperte er über eine Baumwurzel und fiel lang hin, schlug sich das Knie an einem Stein auf, landete mit dem Gesicht in dornigem Unterholz. Der Schmerz brachte ihn wieder zur Besinnung.

Er kauerte sich hin und zwang sich, aufmerksam zu lauschen. Erst hörte er nur das Rauschen seines Blutes, das Klopfen seines eigenen Herzens. Dann vernahm er auch die Geräusche des Waldes. Schon wollte die Angst zurückkommen, doch er befahl sich selbst, jedes Geräusch zu bestimmen. Das ferne Schreien: ein Käuzchen. Das Rascheln im dürren Laub: ein Igel. Das leise Heulen: der Wind in den Baumwipfeln. Das Flügelschlagen: eine Eule. Das leise Knistern: vielleicht eine Maus. Und nirgends das schwere Knacken und Brechen von Zweigen, das einen Bären ankündigte.

Dilgo umschlang seine Beine mit den Armen und legte den Kopf auf die Knie. Er versuchte an Talgor zu denken, sich zu erinnern, was dieser gesagt hatte: Kämpfe nicht gegen den Wald, sondern werde ein Teil von ihm, dann beschützt er dich!

Tief sog er die kühle Nachtluft ein und stieß sie wieder aus. Dann legte er sich hin, rollte sich zusammen und schlief wieder ein.

*

Das Gebüsch wurde immer dichter. Hier wuchsen nicht mehr so viele Ulmen und Linden, sondern vor allem Eichen, die mehr Licht durchließen und damit den Büschen, Sträuchern und Hecken Lebensraum gaben. Dilgo fluchte leise vor sich hin. Da hatte er sich auf etwas eingelassen!

Er hatte sich vorgenommen heute den ganzen Tag weiter nach Süden vorzudringen. Und jetzt war der Himmel bedeckt und es war schwer, ohne Sonne die richtige Richtung einzuhalten.

In der Nähe des Flusses zu bleiben, das wäre ein Kinderspiel! Seit er die Höhlen dort entdeckt hatte und seit er nachts keine Angst mehr hatte, war ihm der Fluss zur Heimat geworden. Nein, er wollte sich nicht sagen müssen, er habe sich die Probe zu leicht gemacht. Deshalb würde er den Fluss, den Wegweiser zum Lager, weit hinter sich lassen. Alles hing jetzt davon ab, dass er die Richtung nach Süden genau einhielt, denn wenn er sich darin täuschte, würde er nie wieder zurückfinden.

Endlich hatte er sich durch das Gebüsch gekämpft. Das Gelände ging jetzt eben und war nicht mehr mit ganz so viel Unterholz bewachsen. Hier kam er besser voran. Aufmerksam beobachtete er während des Wanderns seine Umgebung. Alles galt es zu beachten: die mit Moos bewachsene Wetterseite der Bäume, die Richtung, in die umgeknickte Stämme gefallen waren, die kleinen Unregelmäßigkeiten im Wuchs der Bäume. All dies half ihm sicher nach Süden zu kommen.

Müde setzte er sich schließlich unter eine Eiche und lehnte den Kopf an den Stamm. Es musste auf Mittag zugehen und seit dem frühen Morgen war er auf den Beinen. Aber er konnte noch nicht sehr weit vorangekommen sein, so mühsam, wie er sich durch den dichten Wald einen Weg bahnen musste. Dilgo holte aus seinem Beutel ein paar Wurzeln und begann zu kauen. Jetzt wollte er sich erst mal eine Rast gönnen.

Plötzlich schreckte er hoch. Was war das gewesen? Er musste eingeschlafen sein, aber etwas hatte ihn geweckt. Da war es wieder: der Warnruf eines Eichelhähers. Dilgo lauschte mit gespannter Aufmerksamkeit. Mehrmals noch wiederholte sich der Ruf. Irgendetwas kam näher.

Da, in dem Gebüsch dort drüben bewegten sich die Zweige und dann trat ein Wolf hervor. Ein ausgewachsener Rüde war es, der ganz still stand und zu Dilgo herüberblickte. Nur wenige Schritte betrug der Abstand.

Dilgo verharrte in starrer Bewegungslosigkeit. Sich jetzt nur nicht rühren, nur nicht den Jagdinstinkt des Raubtiers wecken, es nur nicht auf den Gedanken bringen, dass hier vor seiner Nase Beute wartete! Der Wolf blieb noch immer stehen. Sein Schwanz hing locker herab, er fletschte nicht die Zähne und seine Schnauze blieb glatt. Nein, dieser Wolf dachte gar nicht daran anzugreifen: All die untrüglichen Zeichen der Angriffslust fehlten. Aber was wollte er dann?

Das Tier schaute Dilgo mit seinen gelblichen Augen genau ins Gesicht. Dann wandte es sich um und trollte sich gemächlich.

Dilgo spürte, wie eine tiefe Unruhe in ihm aufstieg. Wölfe waren doch sonst so scheue Tiere! Ein solches Verhalten hatte er erst einmal bei einem Wolf erlebt und das war ein Tier gewesen, das Labon als kleinen Welpen gefunden und im Lager aufgezogen hatte, weil das Muttertier umgekommen war. Später hatte Labon den kleinen Wolf wieder laufen lassen, aber der hatte sich noch öfter in der Nähe des Lagers gezeigt und sogar mit ihnen spielen wollen. Auch dieser Wolf hier hatte sich eben verhalten, als sei er mit Menschen gut vertraut. Aber das war doch gar nicht möglich! Hier gab es doch weit und breit keine Menschen!

Dilgo sprang auf, nahm seinen Beutel über die Schulter und drang weiter in den Wald vor, nach Süden, genau der Spur des Wolfes folgend. Dabei achtete er nur auf die Richtung, er suchte etwas, aber er wusste noch nicht, was.

Er war noch nicht weit gegangen, als er den gebrochenen Zweig eines vertrockneten Baumes etwa in Kopfhöhe sah.

Dilgo starrte auf diesen Zweig. Dann schüttelte er den Kopf. Nein, das war noch kein Beweis. Es könnte auch ein Bär gewesen sein, der den dürren Ast gestreift hatte. Und doch . . .

Sorgfältig suchte er den Boden ab. Dort drüben – war da nicht die Andeutung eines Pfades erkennbar? Er ging auf die Stelle zu. Es könnte ja ein Wildwechsel sein, ein Weg, den Rotwild durch den Wald gezogen hatte. Er kniete sich nieder. Nein, das war nicht die Fährte von Rotwild, es fehlten die Eindrücke der Hufe. Viel eher sah es nach . . . Aber das war doch nicht möglich!

Großvater hatte gesagt, südlich des Flusses sei ihr Gebiet. Und er wusste genau, dass ihre Gruppe seit vielen Jahren nicht mehr hier gewesen war. Und dass er selbst der Einzige war, der in diesem Jahr in diese Gegend vordringen würde. Er konnte sich doch nicht so getäuscht haben, dass er sich schon wieder dem Lager seiner Familie näherte!

Aber nun war kein Zweifel mehr möglich. Jener Pfad, dem er eben gefolgt war und den man mehr ahnen als sehen konnte, mündete in einen anderen Pfad und dieser war schon öfter begangen worden: von Menschen begangen.

Dilgo setzte sich auf den Boden. Er war wie vor den Kopf geschlagen. Was sollte er davon halten? Was sollte er tun? Mit mancherlei Arten von Begegnungen hatte er gerechnet, als er zur Probe aufgebrochen war, Begegnungen mit Wölfen und Wildschweinen, mit Bären und Auerochsen, vielleicht auch Begegnungen mit Waldgeistern. Aber Menschen! Übermächtig spürte er den Wunsch umzukehren und zum Fluss zurückzulaufen. Aber dann erinnerte er sich an das, was ihm der Vater vor dem Abschied gesagt hatte: »Wenn dir etwas im Wald begegnet, was du nicht verstehst, dann lauf nicht fort. Wenn du fortläufst, verfolgt es dich. Geh ihm nach, bis du weißt, was es ist! Nur so kann man im Wald überleben.«

Dilgo stand auf und folgte dem schwach erkennbaren Weg. Er führte nach Südosten. Dilgo kam nun leicht voran. Dennoch kostete es ihn Überwindung weiterzugehen. Würde er den Menschen begegnen, die diese Spuren im Wald hinterlassen hatten? Und würden sie ihm freundlich gesonnen sein?

Der Pfad machte eine Biegung und mündete in einen breiteren Weg. Verwundert blieb Dilgo stehen. Einen solchen Weg hatte er noch nie gesehen. Deutlich sichtbar wand er sich zwischen den Bäumen dahin, kein Gras wuchs auf ihm, kein Gebüsch streckte seine Zweige darüber. So ein Weg konnte nicht dadurch entstehen, dass einen Frühling oder Sommer lang Menschen öfters hier entlanggingen. Dieser Weg musste seit Jahren regelmäßig begangen werden! Er schien sogar planmäßig angelegt!

Dilgo starrte auf den Boden. Sein Mund war ausgetrocknet, sein Atem ging mühsam. Der Anblick eines Bären hätte ihn nicht so erschreckt.

Und dann sah er noch etwas. Die Auerochsenfährten. Nicht die eines einzelnen Auerochsen, sondern die einer ganzen Herde. Die Augen auf die Erde geheftet, ging er langsam weiter. Aber das war ja vollkommen ausgeschlossen! Unzählige Male mussten die Tiere hier entlanggezogen sein, auf einem von Menschen begangenen Weg. Das stellte alles auf den Kopf, was Dilgo über das Verhalten der Auerochsenherden wusste. Er kniete sich nieder und untersuchte die Fährten genauer. Kein Zweifel, da waren Fladen von Auerochsen. Und doch stimmte etwas daran nicht. Noch wusste er nicht, was es war. Der Geruch – der Geruch war anders! Er musste der Sache auf den Grund gehen. Ihm war, als hinge sein Leben davon ab.

Aufmerksam schaute er die Abdrücke der Hufe auf dem weichen Waldboden an. Sicher, es war die Fährte von Auerochsen. Aber etwas war nicht, wie es sein sollte. Sacht legte er seine Finger in einen besonders guten Abdruck. Da merkte er, was ihn stutzig gemacht hatte: Die Abdrücke waren zu klein. Ein Tier, das eine solche Fährte hinterließ, gab es gar nicht! Und nun sah er noch mehr Unglaubliches: Fraßspuren an Büschen und Zweigen, wie er sie noch nie gesehen hatte, Kotspuren, die ihm ganz und gar fremd waren.

Dilgo spürte, wie sich ihm die Haare im Nacken sträubten. Die schlimmsten Gefahren im Wald waren nicht die Giftschlangen und die Raubtiere, nicht die Sümpfe und nicht die Blitze. Für jede Gefahr gab es eine Möglichkeit, ihr zu begegnen. Das Schlimmste war das Unbekannte. Hier stand er ihm gegenüber, er ganz allein. »Lauf nicht weg, sonst verfolgt es dich!«, flüsterte er tonlos.

Hinter sich hörte er ein leises Rascheln. Er fuhr herum und sah den Wolf. Er erkannte ihn gleich. Es war derselbe, dem er vorhin schon begegnet war. Nun kam er diesen Weg dahergetrottet. Jetzt blieb er stehen und hob das Bein. Dann schnupperte er an einem der Fladen. Gemächlich verschwand er wieder im Gebüsch.

Dilgo schaute ihm nach. Langsam atmete er auf. Auf Wölfe konnte man sich verlassen. Wölfe hatten einen untrüglichen Sinn für Gefahr. Wenn den Wolf an dem Geruch der Fladen nichts beunruhigt hatte, so gab es nichts Beunruhigendes. So hatte er, Dilgo, sich tatsächlich getäuscht! Vielleicht waren auch die Abdrücke nicht zu klein – vielleicht war nur einfach seine Angst zu groß! Vielleicht hielten sich hier ja auch Tiere auf, die so selten waren, dass er ihnen noch nie begegnet war. Dilgo versuchte zu lachen. Es klang spröde, aber immerhin, es war ein menschlicher Laut. Mit neuem Mut ging er weiter. Als er ein Stück weiter war, traf ihn ein neuer Schreck. Beim ersten Baum wurde er noch nicht stutzig, glaubte noch, aus

Alter oder Krankheit sei er abgestorben. Doch es blieb nicht bei dem einen. Immer wieder sah er rechts und links des Weges entlaubte Ulmen; Ulmen, die nur noch an den obersten Zweigen Blätter trugen. Er blieb stehen und strich über die raue Rinde eines solchen Baumes. Trauer erfüllte ihn. So ein prächtiger alter Baum und nun waren die meisten seiner Äste kahl.

Er schaute genauer hin. Da stieg heiße Wut in ihm auf. Es war klar zu sehen, dass es Menschen gewesen waren, die dem Baum dies angetan hatten, er sah den zertretenen Boden und die abgebrochenen Äste. Aber warum? Was gab das für einen Sinn?

Dilgo rannte jetzt. Es hielt ihn nicht mehr, er musste dahinter kommen, wer hier lebte und solche Spuren hinterließ. Er meinte auf alles gefasst zu sein und doch traf ihn der plötzliche Anblick wie der Schlag einer Keule.

Da stand er und schaute auf den toten Wald. Dürre, graubraune Äste streckten sich in den Himmel, kein einziges Blatt, keine einzige Knospe verriet Leben. Am Boden grünte es noch. Büsche, Sträucher und Blumen wuchsen dem Licht entgegen, doch alle großen Bäume waren tot, nicht gestorben, sondern umgebracht. Etwa in halber Manneshöhe war jedem dieser Bäume in breiten Streifen die Rinde abgeschält und so die Lebensader abgeschnitten. Was mussten das für Menschen sein, die so etwas taten! Wussten sie nicht, dass der Wald der Ursprung allen Lebens war, dass die Bäume den ewigen Göttern gehörten?

Dilgo lehnte seinen Kopf an einen der toten Stämme und versuchte zu begreifen, was er sah. Ratlos schüttelte er den Kopf. Er strich über die ausgetrocknete Rinde. Plötzlich fror ihn. Bebend umschlang er sich selbst mit den Armen. Aber er wusste, dass es nicht Kälte war, was ihn so zittern ließ.

Lange verharrte er so, ohne etwas denken zu können. Dann hob er lauschend den Kopf. Er hörte Singen.

Es war eine hohe, klare Mädchenstimme, die ein fremdartiges Lied sang. Vom Großen Fluss erzählte dieses Lied in einer Sprache, die Dilgo zwar verstehen konnte, aber die doch einen ungewohnten Klang hatte. Sehr schön war das Lied, fröhlich und traurig zugleich. Es klang so schön, dass man beinahe alles andere darüber vergessen konnte.

Gebannt ging Dilgo dieser Stimme nach. Sie führte ihn geradewegs zu einer Lichtung.

Hinter einem Haselgebüsch versteckt, schaute Dilgo auf die Lichtung. Kaum konnte er glauben, was er sah: eine große Lichtung, die nicht nur frei von Bäumen, sondern auch frei von Büschen, Sträuchern und Stauden war, auf der auf den ersten Blick nichts anderes wuchs als eine Grassorte mit breiten, spitz zulaufenden Blättern, wie Dilgo sie noch niemals gesehen hatte.

Inmitten dieser fremden Gräser stand das Mädchen und sang. Nein, sie stand nicht, sie bückte sich immer und immer wieder und riss irgendwelche Kräuter aus, die zwischen den Gräsern wuchsen, und warf die Kräuter in einen Korb, den sie über dem linken Arm trug. Soweit Dilgo es aus seinem Versteck erkennen konnte, waren die Kräuter wertloses Zeug, nichts, was man essen oder womit man Krankheiten behandeln konnte. Warum sammelte das Mädchen sie dann? Das Mädchen beendete den Gesang, setzte den Korb ab, strich sich mit der Hand die langen blonden Haare zurück und streckte sich. Sie legte sich die Hände in den Rücken und bog sich zurück. Dabei spannte sich das Kleid, sodass man die Brüste erkennen konnte. Wie schön sie mit ihrem schlanken, biegsamen Körper und der gebräunten Haut war! Nur ihr Kleid war sehr merkwürdig, weder aus Fell noch aus Leder, sondern aus einem rauen, hellen Material.

Nun nahm sie den Korb auf und begann wieder ihre seltsame Sammeltätigkeit.

Dilgo verhielt sich ganz still. Er wollte nichts als sehen – und hören. Aber das Mädchen sang nicht mehr. Dafür schrie plötzlich ein Kind. Vom Rand der Lichtung hörte Dilgo laut und angstvoll die Kinderstimme: »Mirtani! Mirtani, ein Wolf!«

Dilgo blickte in die Richtung, aus der die Stimme gekommen war. Er sah ein kleines Mädchen mit einem blonden Lockenkopf und er sah den Wolf. Es war der, den er nun schon zweimal im Wald gesehen hatte, und offensichtlich war der Wolf noch immer in freundlicher Stimmung. Sein Schwanz wedelte locker hin und her und spielerisch machte er ein paar Sätze auf das Kind zu. Dieses schrie noch lauter.

Das Mädchen auf der Wiese ließ den Korb fallen und rief laut: »Lurini! Lurini!« Dann rannte sie auf das Kind zu.

Eisiger Schreck durchfuhr Dilgo. »Nicht rennen! Bleib stehen! So bleib doch stehen, sonst greift er dich an!«, rief er.

Das Mädchen blieb abrupt stehen und drehte sich suchend um.

Dilgo beobachtete den Wolf. Der hatte sich wachsam angespannt, sein Schwanz zeigte gerade nach hinten, seine Zähne waren gefletscht. Dilgo wusste nur zu gut, was das bedeutete: Der Wolf war bereit zum Angriff. Eine falsche Bewegung und das Mädchen würde die Zähne des Raubtieres zu spüren bekommen.

Zorn stieg in ihm auf. Wie konnte man so dumm und so leichtsinnig sein dieses friedlich gestimmte Tier so zu reizen, dass es gefährlich wurde!

Dilgo schaute sich suchend um. Endlich entdeckte er einen Stein. Schnell bückte er sich nach ihm, brach gleichzeitig einen Zweig von der Eiche hinter sich ab und stürzte brüllend aus dem Wald. Der Wolf fuhr zu ihm herum. Da schleuderte

Dilgo den Stein, traf das Tier an der Seite und lief ihm astschwingend entgegen. Jede Regung des Wolfes behielt er dabei im Auge. Als er sah, dass das Tier die Ohren anlegte, hätte er beinahe gejubelt. Nun wusste er, dass er gewinnen würde. Er warf den Ast nach dem Wolf und dieser floh in langen Sätzen in den Wald.

Kapitel 4
Mirtani

Mirtani hatte schon den ganzen Vormittag im Getreidefeld Unkraut gejätet. Die Wildpflanzen, die sich immer wieder zwischen dem Weizen ansiedelten, richteten großen Schaden an, sie nahmen dem Getreide Platz und Licht und bei der Ernte mischten sich ihre Samen zwischen die Getreidekörner. Deshalb hatte die Mutter Mirtani zum Unkrautausreißen aufs Feld geschickt. Lurini war ihr wie immer gefolgt. Anfangs hatte sie eifrig geholfen, doch inzwischen war ihr die Arbeit längst zu langweilig geworden und sie baute drüben am Waldrand aus Aststückchen, Rinde und Gras ein kleines Haus.

Mirtani sang. Sie war froh allein am Feld arbeiten zu können. Sie liebte den Geruch des sonnengewärmten Bodens, das Gefühl von Erde und Pflanzen zwischen ihren Fingern. Am meisten aber liebte sie es, von den Erwachsenen unbeaufsichtigt zu sein.

Langsam wurde sie müde und der Rücken begann zu schmerzen. Sie streckte sich. Dann nahm sie die Arbeit wieder auf. Mit dem, was sie bisher geschafft hatte, würde sich die Mutter nicht zufrieden geben. Und die Tante schon gar nicht.

Da hörte sie Lurini schreien: »Mirtani! Mirtani, ein Wolf!«

Mirtani ließ den Korb mit Unkraut fallen und rannte los. Sie konnte nicht denken. Sie hatte keine Ahnung, wie sie dem Wolf begegnen sollte. Sie wusste nur eines: Lurini durfte nichts zustoßen. Nicht Lurini, nicht auch noch Lurini!

Sie merkte kaum, dass sie schrie. Sie achtete nicht auf die Getreidepflänzchen, die sie niedertrat. Sie rannte. Doch plötzlich hörte sie die fremde Stimme, eine Stimme mit einer ungewohnt weichen und dunklen Klangfarbe: »Nicht rennen! Bleib stehen! So bleib doch stehen, sonst greift er dich an!«

Wie von einer unsichtbaren Hand gestoppt, hielt sie an und drehte sich um. Da sah sie den Jungen aus dem Haselgebüsch hervorstürzen und einen Stein nach dem Wolf werfen, dem Wolf gegenüberstehen und den Wolf vertreiben.

Mirtani stand ganz still. Diesen Retter hatte ihr die Göttin geschickt, dessen war sie sich sicher. Aus dem Nichts war er aufgetaucht, als die Not am größten war. Bestimmt würde er gleich wieder im Nichts verschwinden. Aber sie wollte ihn nie wieder vergessen.

Jung und groß war er, schlank und doch stark, und seine Bewegungen waren von einer Gewandtheit und Geschmeidigkeit, wie sie nur Tiere haben, nicht Menschen. Alles war ungewöhnlich an ihm. Sein dunkles Haar hing lang und glatt herab, über die Schultern hatte er einen großen Fellbeutel geworfen, sonst war er nackt bis auf einen Lendenschurz aus Leder. Jetzt sah er sie an und kam langsam auf sie zu. Da drehte sie sich um und rannte davon.

*

Die Stimmen gingen erregt durcheinander.

Der Vater: »Wir müssen etwas gegen die Wölfe unternehmen, so geht das nicht weiter!«

Der Schwager: »Drei Ziegen haben sie im vergangenen Winter gerissen! Und jetzt greifen sie noch die Kinder an!«

Sandor: »Ausrotten muss man sie, alle miteinander ausrotten!«

Die Mutter: »Man ist ja seines Lebens nicht mehr sicher mit diesen Bestien!«

Sandor: »Ausrotten! Ich sag doch, ausrotten!«

Der Schwager bitter lachend: »Fragt sich bloß, wie! Die Biester sind schlau und wachsam und schnell.«

Der Vater: »Mit Fallen! Wie denn sonst! Wir bauen Wolfsfallen!«

Die Mutter: »Wenn ich mir vorstelle, was hätte passieren können! Nie wieder lasse ich die Kinder allein in den Wald!«

Die Tante: »Reichlich spät kommt dir diese Erkenntnis!«

Sandor: »Wir räumen auf! Mit den Bestien räumen wir auf!«

Die Tante: »Ich habe es ja gleich gesagt! Die Mädchen alleine aufs Feld schicken! Aber du willst ja nicht auf mich hören!«

Die Mutter: »Tot könnten sie sein, alle beide.«

Mirtani verzog sich in den hintersten Winkel des Hauses, kauerte sich aufs Stroh und presste sich die Hände an die Ohren. Sie konnte es nicht mehr hören. Pausenlos ging es so, seit sie mit Lurini vom Feld gerannt gekommen war. Am liebsten hätte sie gar nichts von dem Erlebnis erzählt, aber Lurini hatte natürlich nicht den Mund halten können und alles gleich ausgeplaudert. Lurini genoss die allgemeine Aufregung und schmückte unermüdlich aus, was ihr zugestoßen war. In ihrer Erzählung war der Wolf schon bald so groß wie ein Stier.

Alle redeten von dem Wolf. Von ihrem Retter redete keiner. Wenn sie nur nicht davongelaufen wäre!

Efnidi kam und ließ sich neben Mirtani nieder. »Schrecklich, nicht wahr?«, sagte sie lächelnd mit einem Blick auf die anderen.

Mirtani nickte. Dann legte sie den Kopf in den Schoß der Schwester. »Ich kann dein Kind hören!«, behauptete sie.

Efnidi lachte leise und drückte Mirtani an sich. »Jetzt erzähl mal von dem Jungen, der den Wolf verjagt hat!«, sagte sie dabei.

Mirtani richtete sich wieder auf: »Das war kein Junge! Das

war einer aus der Anderen Welt! Den hat mir die Göttin geschickt!« Und nach einer Weile fügte sie zögernd hinzu: »Oder, meinst du nicht?«

Efnidi zuckte die Schultern: »Woher soll ich das wissen, Mirtani, du erzählst mir ja nichts von ihm.«

»Schön war er und groß und jung, aber schon fast ein Mann. Und er hatte gar keine Angst vor dem Wolf. Er hat den Wolf genau gekannt. Er wusste im Voraus, was das Tier tun würde. Deshalb war er bestimmt kein gewöhnlicher Junge. Und bewegt hat er sich auch ganz anders als ein Mensch. Und irgendwie sah er zornig aus, aber nicht böse. Und wie er geredet hat, das klang auch fremd und anders, aber schön.«

Efnidi schwieg. Dann fragte sie: »Und wie war er gekleidet?«

»Seltsam. Nur mit einem Lendenschurz aus Leder. Und er hatte einen großen Beutel aus Fell.«

»Fell und Leder«, wiederholte Efnidi nachdenklich.

»Sagt dir das etwas?«

»Vielleicht. Es erinnert mich an die Geschichten, die mir Großmutter früher erzählt hat.«

»Was für Geschichten? Von Boten aus der Anderen Welt?«

»Nein. Von den Waldmenschen.«

»Von welchen Waldmenschen? Nun erzähl doch schon, Efnidi! Lass dir nicht jedes Wort einzeln aus dem Mund ziehen!«

»Du hast doch bestimmt auch schon davon gehört, Mirtani, dass tief im Wald Menschen leben, die anders sind als wir. Die nichts von dem verstehen, was wir schaffen. Die keine Häuser bauen können und keine Felder bestellen, die nicht wissen, wie man Getreide erntet und Brot bäckt, die keine Haustiere halten und keine Vorräte anlegen, die keine Ahnung haben, wie man Kleider webt und Gefäße töpfert. Sie ziehen durch die Wälder und leben wie die Tiere von dem, was sie finden und was sie jagen können. Großmutter hat gesagt, früher einmal hätten alle Menschen so gelebt, aber jetzt wären es nur noch wenige und sie würden sich nur dort aufhalten, wo der Boden unfruchtbar und der Wald undurchdringlich ist. Zu uns ins Tal des Großen Flusses kommen sie sehr selten.«

»Und du meinst, so einer könnte es gewesen sein, der den Wolf vertrieben hat?«

»Ich weiß es nicht. Aber ich glaube schon, Mirtani.«

Mirtani kaute gedankenverloren auf den Lippen. Sie hatte sich schon an die Vorstellung gewöhnt, dass ihr Retter ein göttliches Wesen war. Sollte er doch nur ein Mensch sein und noch dazu ein reichlich merkwürdiger, zurückgebliebener?

»Du, Efnidi?«, fragte sie schließlich.

»Ja?«

»Wie können die überhaupt leben, so ohne alles?«

»Das ist mir auch unbegreiflich! Bestimmt verhungern viele von ihnen und im Winter frieren sie. Stell dir vor, ein Winter ohne Haus! Und ohne Brot! Und dann ein Leben mitten im Wald ohne Zaun, der vor den wilden Tieren schützt! Sie können einem wirklich Leid tun. Aber Großmutter hat gesagt, sie wollen es nicht anders. Die wollen von uns nichts lernen.«

»Aber vor dem Wolf hat er mich beschützt.«

»Ja«, sagte Efnidi und küsste liebevoll die jüngere Schwester, »und dafür werde ich ihm ewig dankbar sein. Wenn es wirklich einer von den Waldmenschen war, der dich und Lurini gerettet hat, so werde ich ihm alles schenken, was er will, dafür, dass er euch geholfen hat. Vielleicht aber werden wir ihn nie zu sehen bekommen.«

Mirtani schloss die Augen. Wäre ich nur nicht davongelaufen, dachte sie.

*

Mirtani kniete vor dem großen Mahlstein. Heute buk die Tante Brot und seit dem frühen Morgen musste Mirtani Mehl mahlen. Immer und immer wieder, nie enden wollend, die gleichen Handgriffe: mit der Linken in das große Tongefäß greifen, das die gerösteten Weizenkörner enthielt, eine Hand voll auf den großen Mahlstein streuen, dann mit beiden Händen den länglichen kleinen Mahlstein fassen und die Körner zerreiben, vor und zurück, vor und zurück, immer wieder, das erhaltene Mehl – wie wenig war es jedes Mal nur! – vorsichtig zusammenkratzen und in den flachen, dicht geflochtenen Korb schieben. Und wieder von vorn. Keine andere Arbeit hasste Mirtani so wie das Mahlen.

»Mirtani, schau dir das an! Das Mehl ist viel zu grob! Wie soll ich aus so einem Mehl Brot backen!«, nörgelte die Tante. Mirtani schwieg. Wenn ich hier nur fortkönnte, dachte sie.

Die Tante rührte in einer Holzschüssel Mehl mit Wasser an, gab den Sauerteig hinzu, begann zu kneten. »Jetzt hab ich zu viel Wasser erwischt«, murmelte sie ärgerlich vor sich hin. Und laut rief sie: »Mach schnell, Mirtani, ich brauche mehr Mehl!«

Mirtani reichte ihr den Korb.

»Nein, aber das geht wirklich zu weit! Da sind ja noch ganze Körner drin! Mahle das sofort noch einmal nach!«

Ich platze, dachte Mirtani, bestimmt, gleich platze ich. Oder ich werfe ihr den Mehlkorb an den Kopf. Bei dem Gedanken, wie die Tante dann aussehen würde, musste sie lachen.

Diese entrüstete sich: »Was gibt es da zu lachen! Ich sage dir, dass du schlampig gearbeitet hast, und du lachst! Heute wirst du so lange Mehl mahlen, bis dir das Lachen vergeht!« Mirtani flüsterte kaum hörbar vor sich hin: »Das vergeht mir schon, wenn ich dich bloß sehe. Und höre!«

Die Tante fragte misstrauisch: »Was hast du da gemurmelt?«

»Dass Mehlmahlen meine Lieblingsbeschäftigung ist«, erwiderte Mirtani spitz.

»Du wirst immer frecher! Ich hätte in deinem Alter nie so mit meiner Tante geredet wie du.«

»Vielleicht hattest du ja nicht so eine liebe Tante wie ich!«, antwortete Mirtani.

Die Tante schaute sie argwöhnisch an, aber Mirtani machte das unschuldigste Gesicht.

Nun hatte die Tante aus dem Brotteig eine Anzahl flacher Fladen geformt und legte sie auf ein Brett, um sie gehen zu lassen. Dann verließ sie das Haus. In der Grube neben dem Haus, die beim Hausbau für die Lehmgewinnung ausgehoben worden war, befand sich nun der Backofen, ein halbrundes Gewölbe mit einer vorderen Öffnung. Die Tante kniete sich hin und heizte den Ofen an.

Mirtani hatte den Stein aus der Hand gelegt, als die Tante das Haus verlassen hatte. Sie setzte sich auf den Boden und lehnte den Rücken an einen der starken Mittelpfosten, die den Dachfirst trugen. Müde schloss sie die Augen.

Sofort sah sie wieder das Bild vor sich: den Wolf mit den drohend gefletschten Zähnen und den fremden Jungen, der ihm furchtlos entgegenlief. Ihr Herz klopfte schneller. Nun kam der Junge wieder auf sie zu. Hatte ihn die Göttin geschickt oder war er nur einer der Waldmenschen? Sein Gesicht sah nicht mehr zornig aus. Er lächelte. Und sie lächelte zurück. Da streckte er die Hand aus und ...

»Mirtani! Was fällt dir ein! Sofort machst du dich wieder an die Arbeit!« Die Stimme der Tante klang schrill.

*

Mit geschlossenen Augen hielt Mirtani ihr Gesicht in die

Sonne. Rot glühte es hinter den Augenlidern. Sie genoss die Wärme auf dem Haar und auf der Haut. Aus der Hecke auf der Böschung zum Großen Fluss hinunter hörte sie Vögel zwitschern, vom Wald herüber rief ein Kuckuck. Es duftete nach sonnenwarmer Erde. Sie konnte den Frühling spüren, fühlen, hören. Schmeckte nicht sogar die Luft anders?

Ein Schatten fiel auf ihr Gesicht. Das leuchtende Rot verschwand. Mirtani öffnete die Augen. Lurini stand vor ihr.

»Du schläfst ja gar nicht!«, stellte diese fest.

Mirtani lachte: »Nein, dazu hätte ich wohl auch kaum Zeit! Komm, Lurini, du kannst mir beim Linsenverlesen helfen.«

Lurini maulte: »Das macht ja gar keinen Spaß!«

»Denkst du, mir macht das Spaß?«

»Und außerdem mag ich Linsenbrei nicht! Dauernd gibt es jetzt Linsenbrei. Weizengrütze, Linsenbrei, Weizengrütze, Linsenbrei, Weizengrütze, Linsenbrei, Wei. . .«

»Hör auf, Lurini, hör auf, sonst schrei ich! Ich würde auch lieber mal wieder etwas anderes essen! Aber im Frühling ist das nun mal nicht zu ändern. Das Fleisch von dem Rind, das wir im Herbst geschlachtet haben, ist längst aufgebraucht und neu geschlachtet wird erst, wenn das Vieh wieder fetter geworden ist. Aber bald kalbt eine Kuh, dann können wir wieder saure Milch zum Brot essen und saure Sahne. Und denk an den Sommer, Lurini! An die jungen Erbsen und die Himbeeren und die Erdbeeren!«

»Aber jetzt ist Frühling. Frühling mag ich nicht!«

»Du bist dumm, Lurini. Und jetzt hilf mir endlich, sei so lieb, sonst merkt Tante Emonis wieder, dass ich getrödelt habe. Pass auf, wir legen aus den schlechten Linsen ein Muster, dann macht es doch Spaß!«

Nun war Lurini mit Feuereifer dabei. Sie hockte sich neben Mirtani vor die Hauswand und half mit. Begeistert kicherte sie, als Mirtani aus den schwarzen Linsen, die sie zuvor achtlos auf den Erdboden geworfen hatte, mit leichter Hand den Umriss eines Menschen zusammenschob.

Die Mutter kam aus dem Haus und setzte sich zu ihnen. Sie hatte eingeweichte Schilfhalme mitgebracht und begann geschickt daraus einen Korb zu flechten.

Mirtani beobachtete ihre Mutter. Plötzlich fiel ihr auf, dass sich schon Grau in das braune Haar mischte. Im hellen Licht der Sonne betrachtete Mirtani ihre Mutter mit neuen Augen. Und sie sah, was sie bisher nie beachtet hatte: die leichte Krümmung des Rückens, die von der schweren Feldarbeit herrührte, das müde Gesicht, die tiefen Linien um den Mund. Wann hatte die Mutter eigentlich aufgehört bei der Arbeit zu singen und so fröhlich zu lachen, wie sie es früher getan hatte? War es die letzte Totgeburt gewesen oder der Tod von Tegris?

»Mutter!«, sagte Mirtani leise.

Die Mutter sah auf und fragte: »Was ist, Mirtani?«

»Ach, ich weiß nicht – nichts.«

Die Mutter lächelte ihr zu. »Es ist der Frühling, Mirtani, der Frühling!« Mit einem Mal sah ihr Gesicht wieder jung aus.

Die Tante kam vom Gemüsegarten herüber, in dem sie eben die Erde um die jungen Erbsenschösslinge gelockert hatte. »Heute Abend müssen wir gießen! Die Erde ist schon ausgetrocknet!«, erklärte sie. »Mirtani, du musst am Nachmittag fleißig Wasser holen! Aber nicht nur ein paar Gefäße voll!«

»Ach, Emonis, stell das Kind nicht noch mehr an, es arbeitet ja so schon den ganzen Tag!«, sagte die Mutter.

Die Tante schnaubte verächtlich: »Na und? Haben wir beide in ihrem Alter nicht auch den ganzen Tag arbeiten müssen?«

»Ja. Aber auch uns hat das nicht immer gefallen.«

»Pah. Sie ist jung.«

Die Mutter stand auf: »Eben, Emonis, sie ist jung. Und darum soll sie auch ab und zu mal frei haben. Selten genug. Du brauchst heute kein Wasser zu holen, Mirtani, ich tue das. Mach du dir einen schönen Nachmittag.«

Mirtani strahlte: »Danke«, rief sie und umarmte die Mutter stürmisch. »Dann gehe ich ins Nachbardorf und besuche dort meine Freundin! Vielleicht können wir zusammen schwimmen.«

»Oh nein!«, rief die Mutter erschrocken. »Mirtani, das darfst du nicht machen! Da müsstest du ja ganz allein den Weg durch den Wald! Und das jetzt, wo sich da die Wölfe herumtreiben! Nein, das geht nicht. Du musst schon hier in der Nähe bleiben.«

»Dann kann ich genauso gut arbeiten«, murrte Mirtani. Plötzlich war alle Freude wie weggeblasen.

»Siehst du, nichts als Undank!«, meinte die Tante höhnisch zur Mutter.

»Du musst doch verstehen, dass ich mir Sorgen mache«, sagte die Mutter bittend zu Mirtani. Leise fügte sie hinzu: »Du bist doch meine Einzige.«

Aber das hörte Mirtani schon nicht mehr. Mirtani war mit dem Korb voll Linsen ins Haus gegangen, um sie einzuweichen. Sie wollte niemanden mehr sehen. Sie spürte, wie die schlechte Laune von ihr Besitz ergriff. Natürlich – die Mutter meinte es nur gut mit ihr. Warum nur hatte sie dann das Gefühl, sie müsse ersticken?

*

»Es ist so weit! Es ist so weit!«

Aufgeregt schreiend kam der jüngere der beiden Nachbarsjungen den Weg vom Wald hergerannt. Schwer atmend blieb er vor Mirtanis Familie stehen, die sich neben dem Haus in die letzten Strahlen der untergehenden Sonne gesetzt hatte und die Abendmahlzeit einnahm.

»Es ist so weit! Die erste Kuh kalbt! Eine von euch. Wir waren grad auf dem Rückweg zum Pferch, da hat Saito gesagt, dass es losgeht. Sie schafft den Weg nicht mehr, hat Saito gesagt. Ich soll dich holen, Nachbar, hat er gesagt.«

Der Vater wischte sich mit dem Handrücken den Mund ab und stand auf. »Na, dann wollen wir mal!«, sagte er.

Mirtani sprang auf. »Darf ich mit?«, rief sie. »Bitte!«

»Aber, Mirtani, es wird bald Nacht!«, wandte die Mutter ein. Der Vater schaute unschlüssig.

»Und überhaupt, du musst noch . . .«, begann sich die Tante zu ereifern.

Im Gesicht des Vaters zuckte es. »Und überhaupt kann ich ja wohl noch selbst darüber bestimmen, ob ich meine Tochter mitnehme!«, sagte er sehr laut. Dann blinzelte er Mirtani zu: »Komm!«

Mirtani lachte innerlich. Da war es ihr zugute gekommen, dass der Vater Tante Emonis nicht ausstehen konnte und keine Gelegenheit ausließ sich mit ihr anzulegen. Vergnügt machte sie sich mit ihm auf den Weg. Sie hatte sich schon immer gewünscht einmal bei der Geburt eines Kalbes dabei zu sein.

Der Nachbarsjunge lief vorneweg. Er war sehr aufgeregt, denn erst seit kurzem durfte er seinen älteren Bruder Saito und den anderen Hirten beim Hüten im Wald begleiten, und dies war sein erster Auftrag, den er ganz allein ausführen musste. »Ich finde hin! Bestimmt, ich finde den Weg!«, versicherte er immer wieder.

»Na, das hoffe ich auch«, meinte der Vater grinsend. »Wir wissen schließlich nicht, wo ihr heute gewesen seid.«

Im Wald war es schon dämmrig. Endlich erreichten sie die Stelle, wo die rund dreißig Rinder unter den Bäumen verstreut weideten. Laut bellend sprangen ihnen die beiden Hunde entgegen.

Saito winkte ihnen zu. Da sah Mirtani, dass sie zu spät gekommen waren.

Mit nassem, strubbeligem Fell stand das Kälbchen unsicher auf staksigen Beinen, die immer wieder einknickten. Die Kuh leckte es sorgfältig ab. Mirtani spürte ein starkes Verlangen dem Kälbchen über die zerdrückten Locken an seiner Stirn zu streichen, aber sie traute sich nicht. Ein Stier stand bedenklich nahe.

Der Vater betrachtete das Kalb von allen Seiten, dann unterhielt er sich mit den beiden Hirten. »Heute Abend schafft es den Weg bis zum Pferch nicht mehr«, sagte der ältere Hirte zu ihm.

Der Vater nickte: »Da müssen wir beide uns wohl auf eine Nachtwache einrichten. Treibt ihr die Herde heim, ich bleibe solange hier allein mit dem Kalb und dem Muttertier. Aber dann komm du wieder und bring Feuer mit und was man sonst für eine Nachtwache braucht! Wir müssen uns wegen der Wölfe in Acht nehmen!«

Mit Rufen und Stockschlägen trieben die Hirten die Herde an. Bellend jagten die beiden Hunde hin und her. Die Herde setzte sich in Bewegung.

Mirtani ging neben Saito. Sie betrachtete ihn von der Seite. Ihr fiel auf, wie groß er geworden war. Saito war etwas älter als sie. Nun zählte er schon zu den Erwachsenen. Früher hatten sie oft miteinander gespielt und waren geschwommen und gemeinsam auf Bäume geklettert, aber seit sie beide den ganzen Tag arbeiten mussten, waren sie nicht mehr viel zusammengekommen.

»Du hast es gut«, sagte Mirtani halb im Scherz und halb im Ernst, »du kannst den ganzen Tag im Wald herumspazieren oder dich gemütlich unter einen Baum legen und unsereins muss sich abarbeiten!«

»Hast du eine Ahnung!«, schnaubte Saito. »So einfach, wie das jetzt aussieht, ist es nicht immer. Die Viecher halten uns ganz schön auf Trab, damit wir im Wald nicht den Überblick verlieren. Im Sommer, wenn die Stiere wild werden! Oder wenn die Insekten stechen und die Rinder vor Schmerz so durchdrehen, dass sie einen glatt über den Haufen rennen! Oder wenn sie ewig da fressen wollen, wo sie nicht sollen, weil sonst gar nichts mehr wächst. Und jetzt noch die Kälber im Frühling, die der reinste Leckerbissen für die Raubtiere sind! Na ja, in der Hinsicht hat es der Ziegenhirt noch schlechter. Die Wölfe scheinen Ziegenfleisch zu ihrem Leibgericht gewählt zu haben. Aber den größten Schrecken jagen einem doch die Auerochsen ein. Ich werde nie vergessen, wie letzten Herbst ein wilder Auerochsenstier in unsere Herde eingebrochen ist und sich mit einer Kuh gepaart hat! Ich bin ja bloß gespannt, was das für ein Kalb wird.«

»Ja«, sagte Mirtani leise, »aber du erlebst wenigstens etwas. Und ich . . .« Sie schwieg.

»Scheußliche Schufterei, was?«, fragte Saito.

Mirtani nickte. »Das Mahlen finde ich das Schlimmste. So was musst du nicht machen.«

Saito lachte: »Nein. Aber Steinäxte schleifen! Ich glaube kaum, dass das besser ist. Heute Abend steht mir das noch bevor. Unsere alte Axt ist zerbrochen, mein Schwager braucht eine neue, und zwar sofort. Zum Glück bin ich bald fertig. Früher hat das mein Vater gemacht, aber seit er tot ist . . .«

Sie waren bei dem Pferch angekommen, trieben die Tiere hinein und schlossen das Tor.

»Kommst du ein bisschen mit zu mir? Du kannst mir ja beim Schleifen zuschauen?«, fragte Saito.

Mirtani dachte daran, dass Tante Emonis sicher noch mit einem Auftrag auf sie wartete, und sagte: »Gern.«

Vor dem Haus der Nachbarn brannte ein helles Feuer. Saitos Schwager hockte daran und schnitzte aus der Astgabel einer Eiche ein Knieholzstück zurecht, das den Schaft der neuen Axt ergeben sollte. Saito sah eine Weile zu, wie geschickt sein Schwager mit dem scharfen Feuersteinmesser hantierte, und verzog sein Gesicht: »Wenn's ums Schnitzen geht, habe ich zwei linke Hände!«

Der Schwager grinste: »Dafür kannst du so schön schleifen.« Saito hob vom Boden einen Lehmklumpen auf und warf ihn nach seinem Schwager. Der duckte sich zur Seite und lachte. Doch dann sagte er: »Im Ernst, Saito, ich brauche die Axt morgen früh.«

»Weiß ich selbst. Stell dir vor, sogar mir ist klar, dass du mit deinem Messer keine Bäume fällen kannst!«

Saito schleppte den schweren Sandsteinblock an die Feuerstelle und setzte ihn ächzend ab. Bald würde es dunkel werden und dann konnte man nur noch im Schein des Feuers arbeiten. Dann brachte er aus dem Haus den Steinkeil herbei, dem er den letzten Schliff geben musste. Es war ein Keil aus grauem Felsgestein, etwa so lang wie Saitos Hand, schmal und leicht gebogen, am einen Ende stumpf, am anderen aber zu einer dünnen Schneide zugespitzt. Nun galt es, die letzten Unebenheiten zu beseitigen, damit die Axt glatt in den Baumstamm fuhr.

Saito wetzte den Keil auf dem Sandstein hin und her, prüfte immer wieder das Ergebnis mit den Fingerspitzen. Er ging sehr sorgfältig vor, denn der Stein war wertvoll. Er hatte bereits eine Menge Arbeit gemacht und er kam von weit her: Eine

Reise weit aus dem Osten hatte er hinter sich, viel weiter, als Saito jemals in seinem Leben kommen würde. Hier in der Nähe gab es kein Gestein, das sich zur Axt bearbeiten ließ.

Mirtani sah Saito zu. Sie wäre gern mit ihm allein gewesen, aber sein Schwager wich nicht vom Feuer. Diesen kannte Mirtani noch kaum, er war erst Ende des Winters in ihr Dorf gezogen, als er Saitos Schwester geheiratet hatte. Er kam aus einem Dorf weiter flussabwärts, aus der Gegend im Nordosten, in der sich ein Dorf an das andere reihte.

»Saito«, fragte Mirtani schließlich so leise wie möglich, »du bist doch den ganzen Tag mit der Herde im Wald. Hast du schon mal einen von den Waldmenschen gesehen?«

»Von wem?«

»Na, du weißt schon, die anderen, die Waldmenschen halt, die Wilden.«

»Nee. Noch nie. Die gibt's hier nicht.«

»Ich kenne sie!«, sagte Saitos Schwager und begann schmale Lederstreifen zuzuschneiden, mit denen er den Steinkeil am Schaft festbinden wollte. »Ich bin ihnen schon öfter begegnet. Bei der Feuersteingrube in der Nähe meines Heimatdorfes. Die holen sich dort den Feuerstein, den sie für ihre vielen komischen Pfeilspitzen brauchen.«

»Welche komischen Pfeilspitzen?«, fragte Mirtani neugierig.

»Woher soll ich das wissen! Für mich sind alle Pfeile gleich, aber die machen ein Aufhebens um ihre Pfeile. Als ob der Himmel einstürzte, wenn sie nur noch dreieckige Pfeilspitzen haben und keine viereckigen!«

»Viereckige Pfeilspitzen? Das ist doch Quatsch!«, meinte Saito.

Sein Schwager lachte: »Sag das mal einem von denen! Die schauen dich so mitleidig an, als ob du ohne Kopf geboren wärst.«

»Erzähl doch mehr von ihnen! Wie sind sie?«, drängte Mirtani.

»Wie sollen sie schon sein. Harmlos und scheu wie Rehe. Wahrscheinlich auch nicht viel klüger. Man wird aus ihnen nicht schlau. Sie behaupten die Tiere zu lieben, dabei erschießen sie sie und halten sich keine zahmen. Ich glaube, dazu sind sie zu faul. Von Arbeit halten sie jedenfalls herzlich wenig.«

»Aber das geht doch nicht! Ohne Arbeit kann man sich doch nicht am Leben erhalten!«, wunderte sich Mirtani.

Saitos Schwager zuckte die Achseln: »Die anscheinend schon. Frag mich nicht. Die glauben nicht an den Fortschritt. Die wollen nicht vorankommen. Das sind ewige Kinder. Mein Vater hat immer gesagt, sie kommen ihm vor wie Vögel, die den Lauf der Sonne aufhalten wollen.«

Mirtani starrte schweigend in die Flammen. Da hörte sie die Stimme ihrer Mutter: »Mirtani! Mirtani, wo bist du? Es ist schon dunkel!«

Nachdenklich stand sie auf und ging nach Hause.

Kapitel 5
Dilgo

Dilgo folgte dem Bach, die Augen auf das klare Wasser geheftet. Hier und da sah er Forellen huschen. Eine Forelle: Das wäre eine Mahlzeit, auf die er Lust hätte! Aber hier, in diesem rasch fließenden, strudelnden Wasser konnte er sie nicht fangen, denn hier standen die Fische nicht still. Er brauchte eine andere Stelle.

Endlich fand er, was er suchte. Ein Felsbrocken bildete eine kleine Insel in dem Bach, rechts und links sprudelte das Wasser an ihm vorbei, an seiner Rückseite bildeten Spalten kleine Höhlen. Dilgo sah keine Fische, aber er war sicher, dass es hier welche geben musste. Einen solchen Unterschlupf würden die Forellen sicher nicht ungenutzt lassen. Nun musste er nur noch alles dafür vorbereiten, um sie mit den bloßen Händen fangen zu können.

Er suchte einen großen Stein und staute damit den schmaleren der beiden Bacharme auf. Nur noch spärlich floss jetzt auf dieser Seite das Wasser, bildete einen seichten, langsamen Bachlauf. Genau so brauchte er es!

Langsam und vorsichtig stieg er ins flache Wasser. Es war kalt und reichte kaum bis an die Knöchel. Die Sonne kam von vorn, wie es günstig war, denn er durfte keinen Schatten auf die Stelle werfen, wo er die Fische vermutete. Nun galt es, sie aus ihren Schlupfwinkeln hervorzulocken.

Leise, zart und hoch pfiff er durch die Zähne, den Pfiff, den sein Vater ihn gelehrt hatte. Und da kamen sie, die Forellen.

Sie huschten aus den Spalten des Felsens hervor und stellten sich ins flache Wasser, ihre Schwanzflossen Dilgo zugewandt. Sie konnten ihn nicht sehen.

Dilgo suchte sich mit den Augen die dickste und größte aus. Dann bückte er sich langsam und fasste plötzlich mit beiden Händen zugleich zu, an der Kopfseite des Fisches, damit er ihm nicht entkommen konnte. Wild schlug die Forelle mit der Schwanzflosse, aber Dilgo hatte sie sicher im Griff. Er warf sie ans Ufer. Dann sammelte er wieder seine Aufmerksamkeit. Für einen Fisch allein lohnte sich die Mühe des Feuermachens nicht: Drei mussten es schon werden.

Nicht viel später lagen drei Forellen auf einem Stein am Ufer. Dilgo machte sich daran, tote Zweige, vertrocknetes Farnkraut und Rinde einer umgestürzten und abgestorbenen Eiche zu sammeln. Dicht am Bach scharrte er ein Stück Waldboden frei von Laub und legte einen Halbkreis aus zusammengetragenen Steinen. Der Boden begann schon trocken zu werden und man musste aufpassen keinen Waldbrand zu verursachen. Er grub eine kleine Vertiefung in die Feuerstelle und füllte sie mit sorgsam zerriebenem braunem Farnkraut. Dann nahm er seinen Feuerstein und den Schlagstein aus seinem Beutel. Er schlug die Steine so aufeinander, dass kleine Funken aufstoben und in das trockene Kraut fielen. Unendlich vorsichtig pustete er. Rauch stieg auf und dann folgte eine Flamme. Dilgo baute rasch eine Pyramide aus dünnen trockenen Ästen und Rinde darüber und pustete stärker. Das Feuer flackerte auf. Alles Weitere war ein Kinderspiel.

Nachdem er das Feuer richtig in Gang gebracht hatte, baute er aus Ästen ein Gerüst, an das er zwei der Fische zum Räuchern über das Feuer hängte. Den dritten würde er braten, sobald das Feuer zur Glut herabgebrannt war.

Dilgo legte sich auf den Waldboden und blickte in den Himmel. Die Sonne war untergegangen, aber noch war es hell. Eigentlich wäre es jetzt an der Zeit gewesen, das Nachtlager vorzubereiten, aber er hatte keine Lust. Es war so schön, zuzuschauen, wie sich die Baumwipfel leicht im schwachen Wind bewegten. Solange er zurückdenken konnte, war dieses Schauen in die Wipfel etwas gewesen, worüber er alles andere vergessen konnte.

Endlich raffte er sich auf, suchte einen starken Ast und begann neben der Feuerstelle eine Mulde in den Boden zu scharren und diese dann mit trockenem Laub aufzufüllen. Die Nächte waren doch noch recht kühl, da konnte man ein warmes Laubbett gut vertragen.

Nun war das Feuer auch so weit heruntergebrannt, dass er den Fisch braten konnte. An einem Ast hielt er ihn über die Glut und drehte ihn hin und her. Das Wasser lief ihm im Mund zusammen und so aß er während des Bratens schon von der Vogelmiere, die er am Vormittag gefunden hatte. Genüsslich kaute er die zarten, kleinen und rundlichen Blätter, die so frisch und saftig waren. Die Mutter bereitete meist ein Gemüse daraus, aber ihm hatte sie schon immer so am besten geschmeckt.

Als der Fisch gar war, legte er noch feuchte Erlenzweige auf die Glut, um Rauch zu erzeugen und damit die beiden am Gerüst hängenden Forellen gründlich zu räuchern. Dann bestreute er den gebratenen Fisch mit Asche und begann ihn zu verspeisen.

Esst das Fleisch mit Asche, so sagte die Mutter immer, Asche hält die Zähne gesund und die Knochen gerade. Was Mutter wohl gerade tat? Sicher saßen alle gemeinsam am Feuer und verzehrten die Abendmahlzeit. Was es wohl gab? Vielleicht auch Fisch und Vogelmiere? Oder Wildschweinbraten und

Sprossengemüse? Und dann würde der Großvater Geschichten erzählen oder Labon würde auf seiner Pfeife Musik machen, der Onkel würde trommeln und alle würden tanzen. Und lachen würden sie und feiern und Talgor würde sein Mädchen küssen und eng umschlungen mit ihm in das Dunkel des Waldes gehen. Keiner würde allein sein.

Dilgo schluckte. Den Rest des Fisches schlang er lustlos hinunter. Es war noch nicht einmal Neumond!

Dilgo fühlte, wie die Einsamkeit wie Kälte in ihm hochkroch. Noch so viele Nächte waren es bis zur Vollmondnacht!

Dilgo versuchte sich die vertrauten Gesichter vorzustellen: den Großvater, wie er leicht die Augen zusammenkniff, wenn er am ausgestreckten Arm sein Schnitzwerk begutachtete, Talgor, wie er auf den Stier zielte, die Mutter, wie sie ins Feuer blies, Endris, wie sie sich die wirren Haare aus der Stirn strich. Da sah er plötzlich das fremde Mädchen auf dieser seltsamen Lichtung vor sich.

Dilgo sprang auf. Es ging nicht. Er hatte versucht nicht mehr daran zu denken, aber es ging nicht. Die Bilder verfolgten ihn: die unverständlichen Spuren im Wald, die abgestorbenen Bäume, das Mädchen.

Als das Mädchen vor ihm geflohen war, da war auch er umgekehrt, da hatte er alles Fremde, Unbekannte und Beängstigende möglichst weit hinter sich gelassen und war bis in dieses Bachtal gelaufen, das ihm zwar auch neu war, aber doch auf selbstverständliche Art vertraut.

Doch jetzt ließ ihn die Erinnerung nicht mehr los. Er würde zurückkehren müssen. Er würde alles erforschen. Und das Mädchen wieder sehen!

*

Dilgo lauschte. Da war wieder dieser unbekannte Laut, noch weit entfernt und daher leise, aber deutlich genug, ein Laut, der irgendwie an das Wuffen eines Wolfes erinnerte und doch anders war. Seit einiger Zeit mehrten sich die Zeichen im Wald, die darauf hinwiesen, dass er sich im Gebiet der Fremden befand. Und nun noch dieser merkwürdige Laut.

Wenn es ein Tier war, das irgendwie mit einem Wolf Ähnlichkeit hatte, dann galt es, vorsichtig zu sein. Vielleicht hatte es eine feine Nase und würde ihn wittern, auch wenn er sich noch so geschickt anschlich. Er steckte einen Finger in den Mund und hielt ihn dann hoch. Nur ein schwacher Wind kam aus Süden. Hoffentlich würde das genügen.

Behutsam näherte er sich von Norden der Stelle, von der der Laut gekommen war. Seine Aufmerksamkeit war zum Zerreißen gespannt. Sorgfältig achtete er darauf, auf keinen toten Zweig zu treten, nicht das geringste Geräusch zu machen. Es wurde immer schwieriger, stets in Deckung zu bleiben, denn der Wald war erheblich lichter geworden. Er hatte auch längst erkannt, warum: Das wenige verbliebene Unterholz wies immer wieder starke Fraßspuren auf. Verständnislos schüttelte Dilgo den Kopf. In diesem Waldgebiet mussten zu viele Tiere auf zu engem Raum ihr Futter suchen, doch warum, das konnte er sich nicht erklären, genauso wenig, wie er wusste, was für Tiere das waren. Nach Rotwild sahen die Spuren jedenfalls nicht aus.

Da, was war das? Mit klopfendem Herzen schlich er noch ein Stück weiter, dann erstarrte er hinter einem Baum, wurde eins mit seiner Umgebung. Er hatte das erste Tier gesehen, langsam kam es ihm entgegen, andere zogen hinterher. Was für merkwürdige Tiere! Auf einen flüchtigen Blick, in der Abenddämmerung vielleicht, hätte man sie für Auerochsen halten können, aber bei näherer Betrachtung waren sie ganz und gar anders. Sie waren viel zu klein für Auerochsen und ihr Fell war zu kurz und zu glatt. Dennoch waren es zweifellos Kühe und da – Dilgo hielt den Atem an – ein Stier. Doch was für einer! Sein Fell war nicht schwarz und zottig wie das eines Auerochsenstiers, sondern rotbraun und kurz wie das der Kühe. Aber etwas anderes war noch viel auffälliger. Ihm fehlte alles, was einen Auerochsenstier ausmachte: die unbändige Kraft, die unberechenbare Stärke, die leicht reizbare Wut, die ganze Göttlichkeit.

Aus seinem fassungslosen Schauen schreckte Dilgo auf, als er wieder den Laut hörte, diesmal sehr nah. Mitten zwischen den weidenden seltsamen Kühen hindurch kam ein wolfsähnliches Tier gehetzt, doch die Kühe kümmerten sich gar nicht darum. Hinter diesem Tier rannte ein Junge und rief: »Wolco! Wolco, komm her!«

Da drehte sich das Tier um, lief zu dem Jungen, setzte sich vor ihm auf die Hinterpfoten, klopfte eifrig mit dem Schwanz auf den Boden und stieß wieder dieses fremdartige Bellen aus. Der Junge kniete sich hin, umarmte das Tier und rieb sein Gesicht an dessen Kopf. Und das Tier hielt dabei ganz still!

Dann begann der Junge mit dem Tier zu reden: »Bist ein braver Hund, Wolco, schöner Hund. Nur bell nicht so viel, hörst du, sonst störst du die Rinder beim Weiden. Müssen doch viel fressen, damit sie fett werden und gute Milch geben und viel Fleisch, wenn wir sie schlachten. Also sei brav und bell nicht!«

Zur Antwort leckte das Tier dem Jungen das Gesicht ab.

In Dilgos Kopf drehte sich alles: Auerochsen, die keine Auerochsen waren. Wölfe, die keine Wölfe waren, die nicht frei und stolz waren, sondern einem Jungen gehorchten. Tiere, die die Nähe des Menschen nicht scheuten, sondern offenbar suchten! Wie war das möglich?

Noch lange stand er hinter dem Baum versteckt und passte

auf. Er sah die beiden Männer, von denen der eine noch sehr jung war, und beobachtete, wie sie eine Kuh zurücktrieben, die sich von den anderen entfernt hatte. Er sah zu, wie eine Kuh, die ein Kälbchen hatte, von einem der Männer gemolken wurde und sich das ganz gleichmütig gefallen ließ.

Schließlich zog sich Dilgo leise in den Wald zurück. Er wollte nichts mehr sehen. Er musste nachdenken. Er setzte sich auf einen umgestürzten Baumstamm und presste die Fäuste gegen die Stirn. Tonlos begann er vor sich hin zu reden: »Oh Großvater, Großvater, wärst du da! Könnte ich dich fragen! Würdest du das alles verstehen? Du weißt so vieles und vieles hast du mir erklärt. Weißt du auch das und hast es mir verschwiegen? Es macht mir Angst, das alles. Aber ich muss wissen, was es damit auf sich hat, hörst du, ich muss!«

Dilgo stand auf und schlich wieder durch den Wald. Weiter östlich hatte er etwas gehört, was ihm ebenfalls fremd war. Einen hohen, merkwürdig meckernden Laut. Er musste ihm nachgehen. Noch einmal wollte er nicht vor dem Unbekannten fliehen.

Und dann konnte er auch diese Tiere sehen. Sie hatten etwa die Größe von Rehen, aber massigere Körper, langhaariges Fell, einen Bart und gebogene Hörner. Sie nagten die Rinde von Zweigen und dünnen Baumstämmchen, fraßen die Knospen und Triebe der Büsche. Kein Wunder, dass der Wald hier so zerstört war! Und auch diese Tiere zogen nicht allein durch den Wald, sondern wurden von einem Mann und einem Tier, was der Junge vorhin Hund genannt hatte, bewacht.

Langsam begriff Dilgo, ohne noch recht glauben zu können, was er da sah. Das waren keine freien Tiere, die sich in der Nähe der Menschen aufhielten, das waren Tiere, die von den Menschen abhängig waren und von ihnen gehütet wurden. Wo kamen diese Tiere her? Wie hatten die Menschen sie an sich gewöhnt? Und warum machten sich diese Leute eine solche Mühe? Warum jagten sie nicht lieber, wenn sie Lust auf Fleisch hatten?

*

Vorsichtig bog Dilgo die Zweige der Hecke auseinander und spähte hindurch. Er hatte den Waldrand erreicht, die Siedlung lag vor ihm. Sie übertraf alles, was ihn bisher schon aus der Fassung gebracht hatte.

Das Erste, was er aus seiner Lage heraus sehen konnte, waren der Zaun und dahinter die Dächer. Dilgo schloss die Augen und öffnete sie zögernd wieder. Er hatte halb und halb erwartet, das Bild würde verschwunden sein, aber nein, es war Wirklichkeit. So riesige Dächer waren doch nicht denkbar! Er richtete sich auf, da sah er die ganzen . . . ja, was eigentlich?

Das waren keine Hütten, wie Dilgo sie kannte. Diese Gebäude hatten riesige Ausmaße. Fünf Hütten in der Länge und zwei Hütten in der Breite mochten hineingehen. Das Gewaltigste aber war die Höhe, die einem ausgewachsenen Kirschbaum nicht nachstand. Fünf solcher ungeheuren Gebäude konnte Dilgo erkennen und ein sechstes, unfertiges. Dieses beeindruckte ihm am meisten, denn es zeigte, wie unglaublich schwierig es sein musste, diese Gebäude zu errichten. Konnte das denn überhaupt das Werk von Menschen sein?

Dilgo schaute und schaute. Schließlich fiel ihm selbst auf, dass er mit offenem Mund dastand. Es war nicht zu fassen. Wie um alles in der Welt waren diese riesigen Dächer in eine solche Höhe gebracht worden? Warum stürzen sie nicht herunter? Und wie konnte man Wände von solch ungeheuren Ausmaßen errichten?

Ungläubig schüttelte er den Kopf. Es musste ja ganz und

gar unmöglich sein, so starke und hohe Bäume zu fällen wie die, welche zur Errichtung dieser Gebäude verwendet waren. Ein Werkzeug, mit dem das denkbar war, gab es nicht! Jeder Feuerstein würde zersplittern, wollte man mit ihm eine Eiche fällen, und anderes Gestein ließ sich nicht bearbeiten! Und nicht nur gefällt waren die Bäume, sondern auch zurechtgehauen, ja sogar mehrfach der Länge nach gespalten. Aus solchen gespaltenen Stämmen waren die zum Wald, nach Nordwesten hin ausgerichteten Schmalseiten der Gebäude errichtet, doch die mehrere Baumlängen langen Seitenwände sahen anders aus. Baumstämme wechselten hier mit einem Material, das Dilgo nicht kannte. Waren es riesige Steinplatten? Nein, da an dem unfertigen Haus, konnte er es erkennen: Die Wände waren erst aus Ruten geflochten und auf diese Flechtwände war etwas aufgetragen, etwas rötlich Braunes.

Dilgo bückte sich und riss ein Bündel Gras aus, fasste in die Erde, brach einen Klumpen heraus und betrachtete ihn. Er war anders als die Erde sonst im Wald: zäher, klebriger, rötlicher und er ließ sich kneten.

Dieses Rätsel wenigstens war gelöst, die Wände waren mit Erde bestrichen.

Dilgo hörte eine Männerstimme in der fremdartigen Klangfarbe der hiesigen Leute rufen: »He, Sandor, was ist, wo bleibt das Stroh!«

Stroh – was war das nun wieder? Seine Augen suchten den Rufer. Da entdeckte er den Mann, der hoch oben auf dem unfertigen Haus saß, schwebend zwischen Himmel und Erde, auf einem Schwindel erregenden hohen, zeltartigen Gerippe aus Baumstämmen. Wie mochten diese Stämme da wohl hinaufgebracht worden sein? Und wie vor allem, wie mochten sie befestigt sein? Mit Zauberei schien dies alles nichts zu tun zu haben.

Der Mann auf seinem hohen Balken sah ganz gewöhnlich aus und der andere, der eben auf einem mit Trittkerben versehenen Baumstamm zum Dach hinaufstieg, ebenfalls. Ja, er war nicht einmal besonders geschickt, denn jetzt rutschte er aus und wäre beinahe abgestürzt. Gerade konnte er sich noch halten und übergab dann ein dickes Bündel langer und dicker gelblicher Halme, die er auf dem Rücken getragen hatte. Dies schien das Stroh zu sein. Dilgo betrachtete die anderen Dächer. Ja, sie waren mit diesen Halmen gedeckt, doch sah er teilweise auch Rinde und Schilf dazwischen.

Lange stand Dilgo so da und nahm in sich auf, was er beobachtete. Gedanken und Empfindungen schwirrten in ihm durcheinander. Unglauben wechselte mit Betroffenheit, heftige Ablehnung mit tiefer Bewunderung. Was blieb, waren schließlich ein großes Staunen und der Wunsch mehr zu erfahren.

Sorgfältig sah er sich nach allen Seiten um. Dann schlich er geduckt zum Zaun. Noch einmal ein aufmerksamer Blick zu den Männern und schon war er über den Zaun gesprungen und zu einem Kirschbaum gehuscht. Dann machte er einen Apfelbaum aus, der noch näher an der Baustelle stand. Kurz entschlossen suchte er auch diesen zu erreichen. Da er dabei keinen Blick von den arbeitenden Männern wandte, achtete er nicht genug auf den Boden und stieß an einen kleinen Stein. Leise kullernd rollte der davon und stieß mit einem Klicken an einen größeren Stein. Dilgo verharrte erschrocken. Jetzt würden sie ihn entdecken.

Aber keiner der Männer schien etwas gehört zu haben, keiner drehte sich suchend nach ihm um. Dilgo dachte daran, wie ganz und gar unmöglich es wäre, seinen Vater, seinen Onkel oder Labon, seinen Großvater oder Talgor, ja selbst Endris so ungeschickt zu beschleichen, ohne dass diese es sofort bemerkt hätten. Die Leute hier schienen jedoch so in ihre Arbeit vertieft zu sein, dass sie überhaupt nicht darauf achteten, was um sie herum vorging. Kein Wunder, dass sie es dann nötig hatten, einen Zaun um sich zu errichten, um sich vor Raubtieren zu schützen!

Von seinem neuen Standort aus konnte Dilgo gut an dem unfertigen Gebäude vorbei auf die beiden dahinter liegenden blicken. Sein Herz schlug schneller. Über den freien Platz kam das Mädchen. Es war das Mädchen aus dem Wald, daran gab es keinen Zweifel. Auch wenn sie ihm heute noch viel schöner erschien, hätte er sie doch unter unzähligen Mädchen herausgefunden. Jetzt blieb sie stehen, legte den Kopf zurück und die Hand schützend gegen die Sonne über die Augen und rief in die Höhe: »Vater! Sandor! Kommt ihr? Das Essen ist fertig!« Dann drehte sie sich um und ging zurück.

Dilgo sah ihr nach. Er musste dieses Mädchen kennen lernen, so viel war sicher. Doch erst musste er noch mehr über diese Leute in Erfahrung bringen. Und über die Wunder, die sie vollbringen konnten.

*

Dilgo war dem Mädchen schon den ganzen Vormittag über gefolgt. Es war leicht, in ihrer Nähe zu bleiben, ohne von ihr bemerkt zu werden. Er wusste längst, dass übermäßige Vorsicht beim Beobachten dieser Leute überflüssig war. Hier unten im Tal des Großen Flusses, zwischen dem Schilf, war es ein Kinderspiel. Kein Kinderspiel freilich war es, immer darauf zu achten, wo man hintreten konnte.

Dilgo war in einem Waldgebiet mit karstigem Boden aufgewachsen, in dem es wenig Sümpfe und Moore gab. Dieses Gelände war ihm kaum vertraut. Umso mehr hieß es aufzupassen.

Das Mädchen bewegte sich ganz sorglos zwischen dem Schilf. Nun ja, sie stammte ja von hier, kannte den Sumpf sicher im Schlaf und wusste, wo keine Gefahr drohte. Sie schnitt vorjähriges Schilf. Dilgo hatte sogar mitbekommen, wie sie den Auftrag dazu von ihrem Vater erhalten hatte, weil das Stroh für die Deckung des Daches nicht ausreiche.

Gerne hätte er dem Mädchen geholfen, gerne hätte er ihr diese Aufgabe ganz abgenommen, denn sie blutete schon an den Fingern, weil sie sich an den scharfen Halmen immer wieder geschnitten hatte. Aber er wagte noch nicht sich ihr zu zeigen, sie anzusprechen. Er fürchtete, sie könnte wieder davonlaufen, und das würde er nicht ertragen.

Jetzt sang das Mädchen wieder. Das war das Schönste. Dilgo kauerte sich zu Boden, schloss die Augen und tat nichts anderes als diesem Singen zuzuhören. Es entfernte sich ein Stück. Er musste folgen! Dilgo erhob sich und schlich dem Mädchen nach. Er sah sie zwischen dem Schilf. Keinen Blick wandte er von ihr, während er näher und näher kam. Nun konnte er ihr Gesicht ganz deutlich von der Seite sehen, konnte sogar das Grübchen in der Wange erkennen. Welche Augenfarbe sie wohl hatte? Wenn er noch einen Schritt weiter heranging . . .

Plötzlich spürte er, wie sein rechter Fuß auf Weiches trat. Ein leises Gurgeln, ein dumpfes Schmatzen und der Fuß sank ein. Erschrocken wollte Dilgo ihn zurückziehen, aber der Fuß steckte fest. Dilgo konnte sein Gewicht nicht rasch genug zurücknehmen, musste noch einen Schritt weiter nach vorn machen. Und auch der linke Fuß sank ein.

Entsetzt schaute Dilgo nach unten. Er sah den Boden, der höchste Gefahr bedeutete, in dessen grundloser Tiefe jeder Mensch rettungslos versinken musste, der sich darauf begab. Beide Füße waren schon eingesunken.

Verzweifelt versuchte er sich zu befreien. Mit aller Kraft zerrte er den rechten Fuß etwas in die Höhe, doch umso tiefer sank er mit dem linken ein. Nun steckte er schon bis zu den Knien im Moor. Wenn es ihm nicht gelang, mit den Händen an festen Grund zu kommen und sich dort festzuhalten, war er verloren. Eine unsichtbare Kraft zog ihn tiefer und tiefer hinab.

Dort, nicht viel weiter als einen Schritt entfernt, wuchs Gras. Dort musste sicherer Boden sein. Er beugte sich vor und versuchte hinzulangen. Er spürte, wie er durch die Bewegung rascher einsank. Er konnte das Gras nicht erreichen. Eine Handbreit war es zu weit entfernt. Da verließ ihn die Fähigkeit zu denken. Und er schrie laut vor Angst.

Beinahe im selben Augenblick teilte sich das Schilf und das Mädchen stand ihm gegenüber. Aus riesigen Augen starrte sie ihn ungläubig an. Dann sagte sie: »Warte! Ich zieh dich raus!«

Sorgfältig auf den Boden achtend, kam sie näher, blieb zwei Schritt vor ihm entfernt stehen und streckte ihm beide Hände entgegen.

Dilgos Angst war wie weggeblasen. Er griff mit seiner Rechten nach dem Unterarm des Mädchens und umfasste ihn fest. Sie verstand sofort: Ihre Finger schlossen sich um Dilgos Unterarm. »Und jetzt?«, fragte sie.

»Jetzt lehn dich nach hinten und geh in die Knie! Und versuche dich mit der linken Hand hinter dir im Gras festzuhalten!«

Ihre Augen trafen sich. Das Mädchen nickte. Dann folgte sie seiner Anweisung. Dilgo spürte, wie sich sein Arm straffte, wie die Zugkraft zunahm. Er sah die Anstrengung in ihrem Gesicht. Immer tiefer ging das Mädchen nach unten, immer weiter lehnte sie sich zurück. Schmatzend gab das Moor seine Beute frei. Mit einem großen Schritt war Dilgo auf festem Grund.

Den Arm des Mädchens hielt er noch immer umklammert. Er zog sie in die Höhe und machte mit ihr an der Hand ein paar Schritte vom Moor weg. Dann ließ er sie los.

»Danke!«, sagte er. »Ohne dich wäre ich verloren gewesen.«

»Du hast mir auch schon einmal geholfen«, antwortete das Mädchen.

Schweigend schauten sie einander an. Dann fragte das Mädchen: »Wer bist du?«

»Dilgo.«

»Ich bin Mirtani. Dilgo, wo kommst du her?«

Dilgo zögerte. Wollte Mirtani wirklich erklärt bekommen, wo ihr Sommerlager war und wo sie im Winter gelagert hatten? Irgendwie kam es ihm vor, als sei das nicht die richtige Antwort. So machte er nur eine vage Bewegung nach Nordwesten und sagte: »Aus dem Wald dort.«

Dann schwieg er wieder.

Schließlich schlugen sie beide zugleich die Augen nieder. Mirtani lachte, als ihr Blick auf seine schwarzen Beine fiel, und er stimmte in ihr Lachen ein.

Mirtani fragte: »Kannst du schwimmen?«

Er nickte.

»Dann komm mit in den Fluss!«, sagte sie und wandte sich zum Gehen.

Er folgte ihr. Seine Beine waren noch ganz zittrig, aber sein Herz schlug nicht nur wegen des überstandenen Schreckens so hoch und rasch.

Gemeinsam sprangen sie ins kalte Wasser des Stroms. Bewundernd stellte er fest, wie sicher und schnell Mirtani schwimmen konnte. Das Mädchen gefiel ihm immer besser.

Schließlich saßen sie nebeneinander in der Sonne am Ufer und sahen den Wellen zu.

»Ich muss nach Hause. Mein Vater wartet auf das Schilf und

wird böse, wenn ich so lange brauche«, sagte Mirtani, aber sie blieb sitzen.

»Kommst du heute noch einmal hier herunter?«, fragte er nach einer Weile.

»Am Abend zum Wasserholen.«

»Dann warte ich hier auf dich.«

Kapitel 6
Mirtani

»Tante Emonis, du brauchst sicher wieder Wasser zum Gießen für das Gemüse. Ich gehe schnell mal welches holen!«, erklärte Mirtani und griff nach dem Wassergefäß.

»Ich muss schon sagen, du besserst dich! In den letzten Tagen gehst du erstaunlich fleißig zum Fluss!«, wunderte sich die Tante.

Mirtani lächelte. Seit drei Tagen traf sie sich heimlich am Fluss mit Dilgo und keiner wusste davon, nicht einmal Efnidi. Mirtani rannte den Hang hinunter. Nur auf dem Weg möglichst schnell sein, die Zeit, die ihnen blieb, war sowieso immer viel zu kurz.

Im Tal angelangt, sah sie sich aufmerksam um. Ein Glück – niemand war zu sehen. Die Nachbarsfrauen und -mädchen kamen noch nicht zum Wasserholen. Dass sie Dilgo nirgends sehen konnten, wunderte sie nicht. Dilgo sah man nie, wenn er nicht gesehen werden wollte. Er würde am Fluss zu ihr kommen, wenn er sicher war, dass sie alleine waren.

Ob es richtig gewesen war, keinem etwas davon zu sagen, dass sie Dilgo aus dem Moor gerettet hatte? Irgendetwas hatte sie davon abgehalten, darüber zu sprechen, als sie damals mit dem Schilf im Arm zurückgekommen war und ihr Vater geschimpft hatte, weil sie so lange weg gewesen war. Und nun war es zu spät. So etwas musste man gleich erzählen oder gar nicht. Sie konnte sich lebhaft vorstellen, was für eine Aufregung es geben würde, wenn die anderen jetzt noch davon erführen! Und wenn sie erst wüssten, dass sie sich seither mit Dilgo traf! Heimlich! Mit einem fremden Jungen, einem Waldmenschen! Die Tante würde sie mit Vorwürfen überhäufen und die Mutter würde weinen und der Vater würde . . . Nein, das musste geheim bleiben. Gleich heute musste sie das Dilgo erklären.

Mirtani setzte das Gefäß am Ufer ab und sah sich um. Wo blieb Dilgo denn? Warum kam er nicht hervor? Leise rief sie nach ihm. Keine Antwort. Sie rief lauter. Ein Reiher erhob sich aus dem Schilf, mehr und mehr folgten ihm. Die Luft war vom Flügelschlagen erfüllt. Dann war wieder Stille.

Mirtani setzte sich hin und wartete. Doch schon bald sprang sie wieder auf. Warum kam er nicht! Die ganze kostbare Zeit verstrich! Ob er etwa in seinen Wald zurückgekehrt war? Ob sie ihn heute Morgen gekränkt hatte?

Beinahe hätten sie heute Morgen gestritten. Warum eigentlich? Sie hatte ihm erzählt, wie lange sie kein Fleisch mehr gegessen habe und was für große Lust sie darauf habe, und er hatte gelacht. Als ob es da etwas zu lachen gäbe! Er hatte gesagt, wenn ihr Fleisch wollt, dann müsst ihr euch eben welches holen, und sie hatte geantwortet, wie denn, jetzt ist keine Schlachtzeit, und da hatte er noch mehr gelacht. Und sie hatte ihm gesagt, dass sie sein Lachen ganz schön blöd fände. Und er hatte gesagt, dass er auch manches ganz schön blöd fände. Aber dann hatte er doch ihr Haar gestreichelt und gesagt: Warte bis heute Abend, Mirtani! Weshalb war er dann nicht da?!

Mirtani füllte das Gefäß, hob es auf den Kopf und ging langsam zum Dorf zurück. Immer wieder hielt sie an. Aber Dilgo blieb verschwunden.

Mit müden Schritten kam sie nach Hause und stellte das

Gefäß ab. Eben wollte sie ein leeres nehmen, als sie draußen Lurini aufgeregt schreien hörte: »Er ist es! Er ist es! Kommt alle her, er ist es!«

Mirtani lief aus dem Haus. Durch Lurinis Schreien angelockt, strömten die Dorfbewohner zusammen.

Den Weg vom Wald her aber kam Dilgo.

Dilgo zog etwas hinter sich her. Jetzt war er herangekommen und blieb mitten unter den Leuten stehen, die schweigend eine Gasse rechts und links des Weges bildeten. Mirtani konnte jetzt sehen, was Dilgo angeschleift hatte. Auf zusammengebundenen Zweigen lag ein Rehbock. In seiner Seite steckte noch ein Pfeil, seine Kehle war sauber durchgeschnitten.

Dilgo ließ die Astenden langsam zu Boden gleiten und richtete sich auf. Mit den Augen suchte er sie, Mirtani, und lächelte ihr zu. Das Erste, was Mirtani denken konnte, war: Er ist nicht fortgegangen. Und dann: Er hat es für mich getan, der Rehbock ist ein Geschenk für mich. Jetzt wird alles herauskommen. Er ahnt ja nicht, dass ich nichts erzählt habe. Was soll ich bloß tun!

Lurini rief: »Das ist der, der den Wolf verjagt hat. Bestimmt!«

Da kam Mirtani ein Gedanke. Sie ging einen Schritt auf Dilgo zu und sah ihn gleichsam prüfend an. Sei still, Dilgo, bitte sag nichts, flehte sie innerlich. Laut sagte sie: »Ja, ich glaube, Lurini hat Recht. Ich glaube, das ist wirklich der Junge, der uns vor dem Wolf gerettet hat. Ich danke dir! Ich heiße Mirtani. Und wer bist du?« Damit streckte sie Dilgo die Hand hin.

Dilgo schwieg. Er starrte sie ungläubig an. Er machte den Mund auf und wieder zu. Schließlich nahm er ihre Hand, die sie noch immer ausgestreckt hielt. Sie presste seine Finger. Da erwiderte er den Händedruck und antwortete: »Ich bin Dilgo.«

Der Vater fragte: »Und wer bist du sonst noch? Bist du etwa einer von den Wilden, den Waldmenschen?«

Dilgo schaute ihn ratlos an.

»Natürlich ist er einer von denen!«, behauptete Saitos Schwager. »So was sehe ich auf den ersten Blick. Und außerdem hört man es!«

»Was suchst du hier?«, fragte die Tante misstrauisch.

»Tante Emonis! Hast du vergessen, was wir diesem Jungen verdanken!«, flüsterte Efnidi der Tante zu. Diese stieß nur einen missbilligenden Laut aus.

»Ich wollte euch den Rehbock zum Geschenk machen.«

»Kann man den essen?«, fragte Lurini und hängte sich zutraulich an Dilgo. Der lachte: »Aber sicher!«

»Dann mag ich ihn gleich essen!«, erklärte Lurini.

Efnidi meinte belustigt: »Das geht nicht so schnell, Lurini.«

Die Mutter bestätigte: »Nein. Aber unsere Abendmahlzeit ist fertig. Und dazu wollen wir Dilgo einladen. Wir danken dir sehr, Dilgo, für den Rehbock, aber mehr noch dafür, dass du Mirtani und Lurini gerettet hast.«

»Ja. Diese wilden Bestien!«, fiel der Bruder ein.

»Wie bitte?«, fragte Dilgo verständnislos.

»Na, die Wölfe. Dieses Untier, vor dem du die Mädchen angeblich beschützt hast«, fügte die Tante hinzu.

»Aber das war kein Untier! Das war ein Wolf«, antwortete Dilgo.

»Eben. Das sagte ich doch gerade. Diese Bestie von einem Wolf, der die Kinder verschlingen wollte.«

»Verschlingen? Er wollte doch nur spielen.«

»Na, hör mal!«, entrüstete sich nun der Vater. »Du willst uns doch nicht weismachen, dass der Wolf harmlos war.«

»Gleich sagt er noch, es war nur ein Hase!«, spottete der Schwager.

Dilgo sah von einem zum anderen. Seine Augen wurden ganz dunkel.

Mirtani spürte einen Stich in der Brust. Aber sie wusste nicht, was sie tun sollte.

Efnidi nahm Dilgo bei der Hand und sagte herzlich: »Komm, Dilgo, setz dich zu uns her und erzähl uns von dir. Aber erst iss mit uns.«

Zögernd ließ sich Dilgo im Kreis von Mirtanis Familie nieder. Die Mutter stellte die große Schüssel mit Weizengrütze in die Mitte und brach jedem ein Stück von dem flachen Brot ab. Mirtani beobachtete, wie Dilgo das Brot betastete, von allen Seiten betrachtete und langsam den Duft einsog, bevor er hineinbiss. Mit Genugtuung sah sie die Überraschung in seinem Gesicht, als er den ersten Bissen kaute.

Der Vater fragte: »Wo sind denn deine Leute? Wir haben noch keinen von euch hier in der Gegend gesehen.«

»Unser Sommerlager ist fast zwei Tagesmärsche von hier entfernt, an dem Fluss, der in den Großen Fluss mündet. Dieses Jahr jagen wir nicht südlich des Flusses. Ich bin ganz allein hier.«

»Allein?«, rief Efnidi entsetzt aus. »Ganz allein im Wald?«

Dilgo nickte. Dann schaute er sich hilflos um. Unsicher beobachtete er die anderen beim Essen. Schließlich machte er es ihnen nach und schaufelte sich auch etwas von der Grütze auf seinem Stück Brot aus der Schüssel. Die Überraschung auf seinem Gesicht nahm zu.

Mirtani freute sich. Heute schmeckte die Grütze besonders gut, denn sie war diesmal mit Milch gekocht und mit Honig gesüßt.

»Schmeckt es dir?«, fragte die Mutter.

»Ja«, sagte Dilgo, »es ist gut. Und es macht sehr schnell satt.«

»Natürlich!«, erklärte die Tante. »Das ist etwas anderes als die paar kümmerlichen Beeren und Wurzeln, von denen ihr Waldmenschen euch ernährt. Endlich hast du mal was Anständiges im Bauch! Aber so etwas findet man nicht auf Sträuchern, das fällt einem nicht im Schlaf in den Schoß. Dafür muss gearbeitet werden. Aber davon verstehst du ja nichts!«

Die Mutter meinte: »Der arme Junge. Er kann ja nichts dafür.«

Die Tante sagte auflachend: »Natürlich nicht! Die Wölfe können auch nichts dafür, dass sie keine Hunde sind! Trotzdem sind mir Hunde lieber.«

Mirtani zuckte zusammen. »Hör doch auf, Tante Emonis!«, rief sie.

»Wie redest du mit deiner Tante?«, empörte sich diese. »Außerdem ist es wahr, was ich sage, oder etwa nicht?« Herausfordernd schaute sie in die Runde.

Dilgo stand auf. Er war sehr blass geworden. »Ich danke für das Essen. Jetzt muss ich zurück in den Wald«, sagte er heiser.

»Bleib doch über Nacht bei uns, damit du ein Dach über dem Kopf hast!«, wandte die Mutter ein. »Wir nehmen dich gerne auf.«

»Danke! Ich brauche kein Dach über dem Kopf.« Ohne Mirtani noch einmal anzusehen, ging er fort.

*

»Mirtani, was ist denn mit dir?«, forschte die Mutter.

Mirtani goss ein klein wenig Wasser in den Lehmbrei, den sie knetete. »Nichts ist. Was soll schon sein.«

»Das kannst du mir nicht erzählen. Ich merke doch, dass etwas nicht stimmt. Seit Tagen bist du so anders. Du singst nicht mehr, du lachst nicht mehr, du gibst nicht einmal mehr freche Antworten. Mir kannst du doch sagen, was dich so bedrückt.«

Mirtani schloss die Augen. Wenn sie doch aufhören würde, wenn sie doch bloß aufhören würde!, dachte sie verzweifelt. Das ist ja noch schlimmer als das ewige Nörgeln und Schimpfen von Tante Emonis. »Ach, lass mich doch in Ruhe, Mutter!«

»Da hast du es! Nichts als Undank und Unverschämtheit!«, sagte die Tante entrüstet zur Mutter. Viel lauter als nötig zerklopfte sie mit einem Stein die Scherben zerbrochener Tongefäße zu feinem Staub. »Aber du bist ja viel zu nachsichtig mit dem Mädchen. Wenn wir unserer Mutter so eine Antwort gegeben hätten . . .«

Mirtani versuchte ihre Ohren zu verschließen, nichts mehr zu hören. Schweigend knetete sie die zerriebenen Scherben unter den Lehmbrei, welche die Tante ihr in die Grube streute. Heute wurde getöpfert, eine Arbeit, die Mirtani liebte, bei der es ihr Leid tat, dass sie nicht öfter als ein- oder zweimal im Jahr anfiel. Vor Tagen hatte man schon damit begonnen, die ersten Gefäße waren bereits getrocknet und konnten bald gebrannt werden. Doch um auch Efnidis neuen Haushalt mit dem nötigen Geschirr auszustatten, wurde heute noch einmal neuer Lehm vorbereitet. Sonst war Mirtani stets mit Begeisterung beim Töpfern dabei gewesen. Doch heute machte selbst das keinen Spaß.

Sie dachte an Dilgo. Sie konnte an nichts anderes mehr denken als an Dilgo. Wie sie ihn aus dem Moor gezogen hatte, wie sie zusammen gebadet hatten, wie sie am Ufer gesessen hatten, wie sie sich am Fluss trafen: Das alles schienen ihr die glücklichsten Augenblicke ihres Lebens gewesen zu sein.

Und nun war er fort. Einfach fort, ohne ein Wort des

Abschieds, ohne Andeutung, ob er wieder kommen würde. Sie konnte es ja verstehen, dass er nicht bei ihrer Familie hatte bleiben wollen, sie hatte es ja auch empfunden, wie schrecklich von oben herab alle zu ihm gewesen waren. Aber sie konnte doch nichts dafür! Er musste doch verstehen, dass das nicht ihre Schuld war!

Oder hatte er ihr übel genommen, dass sie so getan hatte, als würde sie ihn nicht kennen? Vier Tage waren seither nun schon vergangen, vier Tage, in denen sich die Arbeit mühsam hingeschleppt hatte, und vier Nächte, in denen sie heimlich geweint hatte, wenn Lurini an ihrer Seite eingeschlafen war.

Mirtani nahm einen Klumpen Lehm und knetete ihn zwischen den Fingern. »Der ist fertig!«, erklärte sie.

»Tu nicht so, als würdest du schon etwas davon verstehen!«, meinte die Tante. »Zeig mal her! Siehst du, das habe ich mir doch gleich gedacht, der Lehm ist noch nicht mager genug, er würde beim Brennen reißen. Da muss noch mehr Scherbenmehl rein. Aber du weißt ja alles besser.«

Die Mutter, die eine Grube aushob, in der das getrocknete Geschirr gebrannt werden sollte, hielt inne und sagte müde: »Emonis! Quäl das Kind doch nicht so.«

Die Tante presste die Lippen zusammen.

Dilgo, dachte Mirtani. Dilgo, wäre ich bei dir! Sie nahm einen Klumpen Lehm und formte in ihrem Handteller eine flache, dünne Schale. Dann stellte sie diese auf eine ebene Steinplatte und presste sie leicht an, damit der Boden schön gerade wurde. Sie rollte eine lange, dünne Lehmwulst und legte sie um den Rand der flachen Schale. Nun begann sie diese Wulst vorsichtig zwischen beiden Händen glatt zu drücken und so eine hohe Wand zu formen.

Sie drehte das Gefäß hin und her, um zu sehen, ob es schief sei, besserte hier und da aus. Sie fand, es war ihr gut gelungen, aber Tante Emonis sagte: »Gib her, ich mache den Rest. Die Wand muss noch dünner werden. Das kannst du ja doch nicht.«

Gerade hatte ihr die Arbeit ein wenig Spaß zu machen begonnen, aber das war nun gründlich vorbei. Mirtani war es gleich, als die Mutter sie rief ihr zur Hand zu gehen. Es kam nicht darauf an, was sie tat. Für sie war alles grau.

Sie half der Mutter mit der Holzschaufel die runde Grube so tief auszuheben, dass sie ihr etwa bis zu den Knien ging, und so groß, dass gerade Lurini sich darin hätte ausstrecken können. Dann holte sie Brennholz und Glut von der Feuerstelle herbei und entfachte am Boden der Grube ein Feuer, um sie auszutrocknen. Die Mutter schickte Mirtani zum Waldrand, um die frischen Eschenzweige zu holen, die der Bruder dort eigens für das Brennen des Geschirrs schnitt. Kein anderes Feuer gab dem Geschirr einen solchen Glanz und eine so glatte Oberfläche wie ein Feuer, bei dem das Geschirr erst mit grünen Eschenzweigen bedeckt war und darum herum mit trockenem, hartem, harzigem Holz. Und natürlich musste es mit Erde zugedeckt sein.

Als Mirtani mit den Zweigen zurückkam, hatte die Mutter eben angefangen mit einem dünnen Holzstäbchen ein Muster in ein ausgetrocknetes Gefäß zu ritzen, einen kleinen Becher, den die Tante getöpfert hatte. Mirtani sah ihrer Mutter zu, wie diese geschickt ein Muster aus drei Linien einritzte, die sich wie Schneckenhäuser über den Bauch des Bechers wanden.

»Darf ich auch einmal ein Muster einritzen?«, fragte sie.

Die Mutter nickte: »Nimm am besten für den Anfang eine einfache Schale, das geht leichter als ein Becher.«

Mirtani nahm sich eine Schale und ein Holzstäbchen und hockte sich neben ihre Mutter. Vorsichtig begann sie mit der ersten Linie, die sie in gleichmäßigen Bögen über die Schale zog. Sie passte genau auf, dass sich die Linien wieder trafen. Stolz erfüllte sie, als es gelang. Mit einem Mal konnte sie wieder freier atmen. Nun zog sie die zweite Linie, ließ sie neben der ersten verlaufen. Das war leicht. Ihre Strichführung wurde sicherer. Die dritte Linie führte sie, ohne zu stocken, mit Schwung zu Ende. Dann begutachtete sie ihr Werk. Sie fand es hübsch, aber doch noch etwas zu kahl.

Die Mutter schaute auf die Schale und sagte: »Schön, Mirtani. Du könntest ja oben noch einen Rand aus kleinen Halbbögen dranmachen.«

Mirtani setzte den Stab an, dann zögernd wieder ab. Ein kleiner, runder Einstich war entstanden. Eigentlich sah der ganz hübsch aus. Wenn sie daraus ein Muster machte, vielleicht mehrere solche Einstiche zusammensetzte? Ein größerer in der Mitte, fünf kleine außen herum, das sah beinahe wie eine Blume aus! Jetzt war sie mit Eifer dabei, vergaß alles andere. Blume an Blume reihte sich an den Rand der Schale entlang. Nun war sie fertig. »Schaut her!«, sagte sie und hielt die Schale hoch.

Die Mutter schwieg. Tante Emonis aber nahm ihr die Schale aus der Hand und legte los: »Wo gibt es denn so was! Wir machen Muster aus drei Linien und dabei bleibt es! Das war schon immer so! Was sollen diese Löcher oben am Rand, du hast mir ja die ganze Schale verdorben. So etwas traut man sich ja nicht vorzuzeigen!« Und damit warf sie Mirtanis Schale im weiten Bogen gegen die Hauswand.

Mirtani stand ganz still. Sie sah auf die Hauswand, an der ihre Schale als formloser Klumpen klebte. Sie schaute und schaute.

»Mirtani!«, sagte die Mutter leise.

Da schrie Mirtani los: »Ich kann nicht mehr! Ich will nicht mehr!«, und rannte davon.

*

Keuchend lehnte sich Mirtani an einen Baum. Jeder Atemzug tat weh. Sie war gerannt und gerannt, so schnell sie konnte. Nicht auf Wegen, irgendwo durch den Wald. Anfangs war das leichter gegangen, doch nun war der Wald sehr dicht und voller Unterholz. Sie hatte sich Arme und Beine zerkratzt und das Kleid zerrissen. Es war alles gleich.

Sie sah sich um. Sie wusste nicht, wo sie war. Sie war gerannt, ohne auf die Richtung zu achten, immer weiter.

Erschöpft ließ sie sich zu Boden gleiten. Sie kauerte sich hin und vergrub das Gesicht in den Händen. Sie würde nicht mehr zurückfinden, das wusste sie. Aber es berührte sie nicht. Sie wollte gar nicht mehr zurückfinden. Es hatte alles keinen Sinn mehr. Dilgo war fort und das Leben daheim war unerträglich. Das Leben war überhaupt unerträglich.

Lange weinte sie so vor sich hin.

Plötzlich zuckte sie zusammen. Was war das gewesen? Was für ein unheimliches Grunzen ganz in ihrer Nähe! Sie fuhr hoch. Wildschweine! Hier mussten Wildschweine sein!

Sie sprang auf und rannte los. Wildschweine waren gefährlich, vor Wildschweinen hatte sie eine schreckliche Angst. Kreuz und quer hetzte sie durch den Wald. Sie stolperte und fiel hin, sie blieb hängen und zerriss sich das Kleid noch mehr. Schließlich torkelte sie mehr, als sie lief. Irgendwo ließ sie sich auf den Boden fallen. Dämmrig war es inzwischen geworden, bald würde es Nacht sein. Und sie war allein, allein in dem Wald, aus dem sie nie mehr herausfinden würde. »Ach, Dilgo! Dilgo!«, wimmerte sie. Sie rollte sich zusammen wie ein Igel. Ihr war kalt. Sie zitterte vor Kälte und vor Furcht und vor Verlassenheit.

Nach langer Zeit fühlte sie etwas auf ihrem Haar. Etwas Weiches und Warmes und Tröstliches. Und dann hörte sie ihren Namen: »Mirtani. Liebes Mädchen Mirtani, soll zur Abwechslung einmal wieder ich dir helfen?«

Da fiel sie Dilgo um den Hals und schluchzte.

Er hielt sie fest und streichelte sie. Schließlich sagte er: »Du hast dich gründlich verlaufen, Mirtani, du bist ganz schön weit weg von eurem Dorf. Zum Glück war es bei den Spuren, die du im Wald hinterlassen hast, nicht schwer, dich zu finden. Heute Nacht kann ich dich nicht mehr zurückbringen, da müssen wir bis morgen warten.«

»Ich will ja gar nicht mehr zurück!«, schluchzte sie. Mit einem Mal wusste sie ganz genau, was sie wollte. Sie setzte sich gerade auf, wischte sich die Tränen aus dem Gesicht und sagte bestimmt: »Ich will bei dir bleiben.«

»Bei mir?« Nun war es Dilgo, der sich aufrichtete. »Weißt du, was du da sagst? Du bist es nicht gewohnt, im Wald zu leben. Du wirst dein Dorf vermissen! Und deine Familie!«

»Nein! Das werde ich nicht. Oder darf ich nicht?«

Da lachte er leise und sagte: »Natürlich darfst du! Solange du willst. Jetzt komm, das hier ist ein schlechter Platz für die Nacht, ich mache es dir ein bisschen gemütlicher.«

Kapitel 7
Dilgo und Mirtani

Dilgo schaute unverwandt den einzelnen Stern an, den er durch die Zweige des Baumes blinken sah. Mirtani schlief an seiner Seite, den Kopf auf seiner Schulter. Sein Arm war schon ganz taub, dennoch bewegte er sich nicht. Er wollte sie nicht wecken. Er hatte ein Lager aus Zweigen, Moos und Laub bereitet und Mirtani mit seinem Fellsack zugedeckt. Sie hatte sich an seine Seite gekuschelt und war sofort eingeschlafen. Er aber lag wach und blickte zu jenem Stern, dessen Licht als einziges den Weg durch die dunkle Laubkrone zu ihm fand.

Er musste nachdenken, aber es war so schwer, so vieles schoss ihm gleichzeitig durch den Kopf. Seit Tagen ging ihm das nun schon so, seit er die Siedlung von Mirtanis Leuten entdeckt hatte, mehr aber noch, seit er ihre Familie aufgesucht hatte. Das Blut stieg ihm ins Gesicht. Er spürte die Demütigung wieder, als sei sie eben erst geschehen. Bist du etwa einer von diesen Wilden – Endlich hast du mal etwas Anständiges im Bauch – Der arme Junge, er kann nichts dafür . . .

Dilgo biss sich auf die Lippen. Nie wieder, nie, nie, nie, wollte er noch einmal Mirtanis Familie begegnen! Und denen hatte er einen Rehbock zum Geschenk gemacht, einen Rehbock, den er ganz allein gejagt hatte, den ersten, den er ganz allein gejagt hatte!

Unwillkürlich presste er Mirtanis Arm, auf dem seine Hand gelegen hatte. Mirtani murmelte etwas im Schlaf und rollte sich zur Seite. Behutsam deckte er sie wieder zu. Jetzt hätte er sie beinahe geweckt! Mirtani – sie war anders als ihre Familie. Sie war nicht so hochmütig. Sie bildete sich nicht ein etwas Besseres zu sein.

Etwas Besseres? Da waren wieder die Zweifel, die ihn seit Tagen beschlichen.

Waren diese Leute vielleicht wirklich etwas Besseres? Was sie für Gebäude zu bauen verstanden, die sie Häuser nannten! Welches geheime Wissen und welch unbegreifliche Fertigkeit mussten dazu gehören, diese Dächer zu errichten. Es war doch gegen alle Erfahrung, dass man solche gewaltigen Stämme dazu bringen konnte, in der Luft an ihrem Platz zu bleiben!

Und wie sie Bäume fällten! Er hatte einen jungen Mann heimlich beobachtet, wie dieser eine ausgewachsene Eiche gefällt hatte. Wenn er nur hätte erkennen können, mit welchem Werkzeug dieser Fremde das vollbracht hatte – was würde er dafür geben, dieses Werkzeug einmal in Händen halten und erproben zu können! Waren Menschen, die dies alles und noch viel mehr vermochten, nicht doch etwas Besseres?

Und dann ihre Nahrung, dieses Gras, das Mirtani Weizen nannte und von dem sie erzählt hatte, wie es angebaut wurde. Nicht einfach nur gesucht und gesammelt, nein, diese Leute zwangen die Erde das wachsen zu lassen, was sie ernten wollten. Was für eine unglaubliche Macht ihnen ihr Wissen gab! War er gegen sie nicht wirklich nur ein armer Junge?

Aber wie widersinnig sie mit Tieren umgingen! Und wie dumm sie von den Wölfen sprachen! Und wie sie den Wald zerstört hatten! Und wie mühelos sie sich beschleichen ließen!

Nein, er begriff diese Leute nicht. Wenn doch endlich Vollmond wäre, damit er zum Sommerlager gehen und über alles mit Großvater reden könnte!

Vollmond? Dilgo runzelte die Stirn. Hatte es denn überhaupt

noch Sinn, auf Vollmond zu warten? Er bestand die Probe ja doch nicht, er hatte ja schon verloren.

Leise strich Dilgo über Mirtanis Schulter. Diese Nacht, die er nicht alleine schlief, die Mirtani an seiner Seite lag, diese Nacht war es, die ihn endgültig die Probe verlieren ließ. Er hatte sich sowieso schon gefragt, ob nicht alles, was er tat, ob nicht das Herumstreifen um das Dorf und das Treffen mit Mirtani gegen die Probe verstießen. Nun war es keine Frage mehr: Er hätte Mirtani nicht aufnehmen dürfen, hätte er die Probe bestehen wollen. Genauso gut könnte er vor der Zeit heimkehren.

Dilgo schüttelte den Kopf. Nein, das würde er nicht tun. Es würde für Mirtani bestimmt nicht leicht sein, sich bei seiner Familie einzugewöhnen. Diese paar Tage, die ihnen allein verblieben, diese paar Tage wollten sie genießen. Und an nichts anderes denken, als dass sie zusammen waren und zusammengehörten. Dagegen zählte selbst die Probe nicht. Mirtani hatte für ihn ihre Familie verlassen. Sollte er da seiner Probe nachtrauern?

*

Mirtani beobachtete den schlafenden Dilgo. Langsam wurde es hell. Sie konnte sein im Schlaf gelöstes Gesicht erkennen, seine leicht geöffneten Lippen, seine langen Wimpern. Wie schmal und doch kraftvoll seine Schultern waren – Schultern, an denen man Zuflucht finden konnte. Leicht legte sie ihre Hand darauf.

Sofort fuhr er hoch. Er wachte nicht auf, er war von einem Augenblick zum anderen hellwach. Das muss man wohl können, wenn man im Wald überleben will, dachte Mirtani bewundernd. Laut sagte sie: »Ich habe Hunger.«

Dilgo grinste: »Na, du fängst den Tag ja gleich richtig an! Warte, in meinem Beutel ist noch etwas zu essen!«

Er brachte eine Hand voll Blätter und Wurzeln zum Vorschein.

»Was ist das?«, fragte Mirtani neugierig.

»Weißklee und Malve.«

»Und das kann man wirklich essen?«

»Du machst mir vielleicht Spaß! So satt wie euer Brot macht es freilich nicht, da hat deine Tante schon Recht.«

»Oh bitte, Dilgo, erinnere mich nicht an die!«, stöhnte Mirtani.

Dilgo lachte und kramte weiter in dem Fellsack. Dann schüttelte er den Kopf: »Nein, das war leider alles. Aber warte mal!«

Er suchte mit den Augen die Kronen der Bäume ab, unter denen sie saßen. Und schon begann er an einer Ulme emporzuklettern.

Mirtani beobachtete, wie er rasch höher und höher stieg. Die Zweige verdeckten ihr die Sicht, sie konnte ihn nicht mehr genau erkennen.

Aufgeregtes Vogelgezwitscher wurde hörbar. Dann sah sie Dilgo, wie er auf einem Ast der Ulme weit nach außen balancierte. Und da – ihr Herzschlag setzte aus und dann rasch und hoch wieder ein –, da stieß er sich ab und sprang auf die benachbarte Eiche, verschwand in deren Geäst. Wie ein Eichhörnchen, dachte Mirtani, nachdem sie sich beruhigt hatte.

Dilgo wechselte noch dreimal den Baum, ehe er wieder den Erdboden erreichte. Strahlend zeigte er Mirtani, was er in dem kleinen Beutel an seinem Gürtel mitgebracht hatte: acht Vogeleier, kleine und große, weiße und braune, einfarbige und gesprenkelte.

»Warum so viele verschiedene? Warum hast du nicht einfach zwei Nester ganz ausgeleert?«, fragte Mirtani.

»Weil dann die Vogeleltern ihre Eier vermissen würden. Wenn eines fehlt, das merken sie nicht. So, jetzt bohre ich die

Eier an, dann können wir sie austrinken. Das gibt eine Morgenmahlzeit!«

Mirtani zögerte. »Ich glaube, ich mag aber keine rohen Eier!«, sagte sie verlegen.

Dilgo sah sie belustigt an: »Du bist nicht so leicht zufrieden zu stellen, was? Also gut, braten wir die Eier! Mir schmecken sie dann auch besser. Da musst du nur etwas Geduld haben mit deinem großen Hunger!«

»Braten? Hier mitten im Wald?«

»Wo denn sonst? Vielleicht mitten im Fluss?«

»Mach dich nicht über mich lustig, Dilgo! Ich . . .« Mirtanis Stimme zitterte.

»Ich mach mich nicht über dich lustig, Mirtani, wirklich nicht. Ich bin heute nur so gut gelaunt. Weil du bei mir bist.«

Mirtani beobachtete, wie Dilgo von einer Birke den Bast abzog. Sie hatte keine Ahnung, wozu das gut sein sollte, aber sie wollte nicht schon wieder fragen. Zu Hause, da kannte sie jeden Handgriff, da kam sie beinahe mit jeder Arbeit zurecht. Hier aber war sie ganz auf Dilgo angewiesen.

Nun sah sie, wozu Dilgo den Birkenbast brauchte: Er verwendete ihn als Zunder zum Feuermachen. Es dauerte nicht lange und das Feuer brannte.

Dilgo ging suchend umher, dann kam er mit einem flachen Stein zurück. Er legte den Stein ins Feuer. Nach einer Weile holte er ihn mit zwei Stecken wieder heraus und schlug darüber ein Ei auf. Das Ei gerann auf dem heißen Stein, in kurzer Zeit war es fertig gebraten. Dilgo reichte es ihr auf einem Stück Birkenrinde. Es schmeckte wirklich gut.

Als sie die Eier gegessen hatten, löschte Dilgo das Feuer sorgfältig wieder aus. Im Aufstehen sagte er: »Mirtani, wir müssen weiterziehen. Vorhin habe ich vom Baum aus den Himmel gesehen. Es gab Morgenrot und viele kleine

Wölkchen. Und viel zu warm für so einen Frühlingsmorgen ist es auch. Heute kommt bestimmt ein Gewitter. Ich will nicht, dass du das unter Bäumen erleben musst. Aber ich kenne Höhlen, nicht sehr weit von hier, am Fluss. Nein, keine Angst, nicht an eurem Großen Fluss, an einem kleineren. Komm!«

Mirtani folgte ihm. Hinter Dilgo kam man im Wald viel schneller voran. Nach einer Weile blieb er stehen und fuhr mit der Hand über die Rinde einer Linde.

»Was ist da?«, fragte Mirtani neugierig.

»Hier hat ein Hirsch sein Geweih gerieben, vor gar nicht langer Zeit. Ein großer Hirsch. Siehst du die kahle Stelle am Baumstamm? In dieser Höhe reibt sich nur ein ausgewachsener Hirsch!«

Dilgo blickte sich um. Dann kniete er nieder. »Er war erst vor kurzem hier. Wahrscheinlich haben wir ihn vertrieben«, erklärte er.

»Woher weißt du das alles?«

»Schau her! Hier liegen überall kleine Erdklumpen. Da hat der Hirsch mit seinem Geweih die Erde aufgerissen und in die Höhe geschleudert. Das machen Hirsche manchmal, aus Spaß oder aus Aufregung.«

»Aber das kann doch auch schon länger her sein!«

»Nein, Mirtani, das kann es nicht. Die Erde ist noch feucht. Und siehst du, dort drüben hat er einen Ameisenhaufen zerstört und die Ameisen retten noch ihre Larven. Er war gerade erst hier. Und da ist ja auch seine Fährte, da sieht man es ganz deutlich. Es ist ein starker, schwerer Hirsch im besten Alter. Das erkennt man daran, wie er die Hinterläufe setzt. Ein junger Hirsch kommt mit den Hinterläufen vor den Vorderläufen auf, ein alter dahinter. Der hat die Hinterläufe in die gleiche Höhe gesetzt wie die Vorderläufe. Also ist er mittelalt.

Und geflohen ist er auch nicht. Er ist gemächlich davongegangen. Wahrscheinlich ist er noch ganz in der Nähe.«

»Du, Dilgo, können wir ihn finden?«

»Sicher. Wenn du Lust dazu hast. Und ganz leise hinter mir herkommst.«

Mirtani schlich hinter Dilgo her. Offensichtlich wusste er genau, wo sie hinmussten. Wie sicher er ist, dachte Mirtani. Zu Hause bei uns, beim Essen, da war er so unsicher und so unbeholfen, und wie er mich immer nach allem ausgefragt hat, wenn wir uns getroffen haben. Nach dem Weizen und den Rindern und den Häusern und dem Geschirr. Da konnte man sich wirklich nur wundern, was er alles nicht weiß und nicht kennt, aber hier, hier bin ich es, die nichts weiß, und er findet sich in allem zurecht. Hier im Wald gefällt er mir noch viel besser!

Dilgo drehte sich um und machte ihr ein Zeichen. Da sah sie den Hirsch. Einen großen Hirsch mit einem herrlichen Geweih. Sie beugte sich vor, um unter den herabhängenden Ulmenzweigen besser hindurchsehen zu können, und stützte sich dabei gegen einen schmalen Baum. Der gab langsam nach und brach um. Es knackte, knirschte und rauschte.

Mirtani schrie erschrocken auf. Der Hirsch ergriff in großen Sprüngen die Flucht und war verschwunden.

»Oh Dilgo, der Baum, gegen den ich mich gestützt habe, war ganz morsch.«

»So etwas muss man doch sehen!«

»Ich habe es aber nicht gesehen.« Mirtani begann zu weinen.

Dilgo fragte erschrocken: »Aber, Mirtani, warum weinst du denn? Hast du dir weh getan?«

Mirtani schüttelte den Kopf. »Ich mache alles falsch und ich verstehe nichts von allem hier und ich bin nur eine Last für dich.«

Dilgo umarmte sie und zog ihren Kopf an seine Schulter. »Meine liebe Last«, flüsterte er zärtlich. »Wenn du eine Last bist, dann ist auch ein voll mit Essen gefüllter Beutel eine Last!«

*

Mirtani atmete ganz tief ein und langsam wieder aus. Dieser Augenblick war so schön – man müsste ihn festhalten können. Sie war mit Dilgo auf die Spitze des Felsens geklettert. Von hier oben hatten sie einen freien Blick auf das Tal, auf den Fluss, auf die gegenüberliegenden steilen Hänge. Rotgolden leuchteten die hellen Felsen aus dem Wald jenseits des Flusses hervor, beschienen von der Abendsonne.

Ganz still saßen Mirtani und Dilgo nebeneinander, so dicht, dass sich ihre Schultern berührten. Jeder spürte die Wärme des anderen. Sie brauchten nicht miteinander zu reden. Sie verstanden sich auch so.

Es war ein herrlicher Tag gewesen. Sie hatten die zahlreichen kleinen Höhlen und Felsüberhänge auf ihrer Seite des Flusses erkundet und sich an einer besonders schönen Stelle ein Lager bereitet. Dilgo hatte Fische gefangen und die hatten sie gebraten und gegessen. Und immer wieder waren sie zusammen geschwommen.

Mirtani drehte den Kopf nach links und blinzelte in die Sonne. Es war so schön, einfach nur dazusitzen und nichts zu tun. Niemand erteilte ihr Befehle und keiner verlangte etwas von ihr, keiner schimpfte und keiner stellte besorgte Fragen und keine Arbeit wartete darauf, erledigt zu werden.

Ob das Leben im Wald immer so war, so unabhängig und frei? Ob Dilgos Leute wirklich so lebten, wie sie die letzten Tage mit Dilgo gelebt hatte?

Mirtani versuchte die Gedanken wieder loszuwerden. Sie wollte nicht denken. Sie konnte sowieso nicht weiter denken als bis zum nächsten Tag. Sie hatte keine Ahnung, wie es dann weitergehen sollte. Sie wusste, dass Dilgo erwartete, sie würde mit ihm zu seiner Familie gehen. Aber sie konnte es sich nicht vorstellen. Genauso wenig, wie sie sich vorstellen konnte nach Hause zurückzukehren. Nach Hause: Lurini, Efnidi, Mutter . . .

Mirtani hob einen kleinen Stein auf und schleuderte ihn zum Fluss hinunter. Er traf am Uferstreifen auf. Kreischend erhoben sich Wasservögel aus dem Gebüsch.

Dilgo sagte: »Morgen mache ich mir Pfeile. Dann schießen wir Wasservögel. Solange ich alleine war, habe ich das nicht gemacht, weil ich befürchtet habe, dass mir die Beute davonschwimmt, wenn sie in den Fluss fällt. Aber mit dir zusammen geht es. So wie du schwimmen kannst, erwischst du jeden angeschossenen Vogel. Du wirst sehen, morgen wird ein Festtag. Wir machen ihn dazu, wir beide.«

*

Mirtani kauerte in der Sonne, die Arme um die angezogenen Beine geschlungen, das Kinn auf die Knie aufgestützt, und sah Dilgo zu. Einen Augenblick dachte sie daran, wie die Mutter ohne sie wohl die viele Arbeit schaffen sollte, aber sie verscheuchte den Gedanken wie eine lästige Fliege. Sie wollte nichts als Dilgo zuzusehen.

Dilgo hatte sich aus gerade gewachsenen Eschenzweigen drei Pfeile zurechtgeschnitzt und diese am Ende mit Vogelfedern versehen. Nun begann er mit der Herstellung der Pfeilspitzen.

Aus der unergründlichen Tiefe seines Fellbeutels hatte Dilgo ein Stück Leder, eine Feuersteinknolle, einen zugespitzten Stab aus Geweih und einen flachen Stein mit scharfer Bruchkante zum Vorschein gebracht. Da saß er auf einem Felsbrocken, das Leder über den Schoß gebreitet, den Feuerstein zwischen die Knie geklemmt, setzte den Geweihstichel sorgfältig dicht am Rand des Feuersteins an und schlug mit einem Holzstück darauf. Ein schmales, scharfes Stück splitterte vom Stein ab, doch Dilgo schien damit nicht zufrieden und wiederholte den Vorgang.

Mirtani achtete kaum auf das, was er tat. Es war nicht anders, als wenn ihr Vater Messer, Schaber und Klingen aus Feuerstein herstellte, und dafür hatte sie sich noch nie interessiert. Ihr kam es auf ganz anderes an: wie Dilgo die Unterlippe vorschob und heftig nach oben blies, weil ihm die langen Haare ins Gesicht fielen, wie die Haare dann durcheinander gewirbelt wurden, um doch gleich darauf wieder dahin zurückzufallen, wo sie Dilgo störten, wie er die Stirn runzelte und die Augenbrauen zusammenzog, wenn er den Stichel neu ansetzte, wie das Sonnenlicht Dilgos Haut golden glänzen ließ.

Nun ließ Dilgo das Holzstück sinken und sah sie an. Aber er lächelte ihr nicht zu, es war, als sehe er durch sie hindurch, mit seinen Gedanken ganz woanders.

»Du, Mirtani?«, fragte er.

»Ja?« Sie hätte ihn lieber noch weiter beobachtet.

»Dieses Gerät, mit dem eure Männer die Bäume fällen, was ist das?«

Schade. Über so Unwichtiges zu reden nahm dem Augenblick den ganzen Reiz. »Ach das! Das ist bloß eine Axt.«

»Eine Axt? Wie macht man die?«

Warum konnte er nicht aufhören solche belanglosen Fragen zu stellen! Wo doch die Sonne schien und die Vögel sangen und sie beide allein waren, ganz allein.

»Lass doch die Axt! Was braucht die dich zu kümmern?«, erwiderte sie.

Dilgo sprang auf. Sein Gesicht war ganz rot geworden. »Ich teile doch auch mit dir! Warum teilst du nicht mit mir?«, schrie er sie an. Dann wandte er sich heftig um und verschwand im Wald.

Mirtani blieb völlig verdutzt zurück. Was hatte sie ihm eigentlich getan? Warum war er manchmal so empfindlich, auf ganz harmlose Bemerkungen hin gekränkt? Und was meinte er, was sie mit ihm teilen sollte?

Sie ging ihm nach, suchte ihn zwischen den Bäumen, konnte ihn nicht finden. Beunruhigt kehrte sie zu ihrem Platz zurück. »Dilgo!«, rief sie. »Dilgo, wo bist du?«

»Bin schon da«, erwiderte er ganz aus der Nähe. Er kam den felsigen Hang heruntergerutscht, trug in der Linken ein Stück Kiefernrinde voll frischem Harz vor sich her.

»Du, Dilgo«, fragte sie vorsichtig, »bist du noch böse?«

»Schon gut. Wenn dir meine Fragen lästig sind, brauchst du es nur zu sagen. Und wenn eure Werkzeuge ein Geheimnis sind, das ihr vor uns verbergen wollt.« Seine Stimme klang gekränkt.

»Aber so war das doch nicht gemeint! Du kannst mich fragen, was du willst! Ich habe ja nicht geahnt, dass dir das so wichtig ist. Mir sind unsere Werkzeuge so gleich, ehrlich.«

Er schüttelte verwundert den Kopf, sah sie etwas ungläubig an, aber dann lächelte er wieder.

Er setzte sich zurück auf einen Felsbrocken und sagte: »So, jetzt mache ich die Pfeile fertig und dann gehen wir auf Vogeljagd. Dann kannst du heute noch schwimmen!«

Dilgo nahm eine der dünnen Feuersteinklingen vom Boden auf, legte sie auf den flachen Stein und brach sie an dessen Kante ab. Eine kleine, viereckige und sehr scharfe Klinge war

entstanden. Diese setzte er nun mit Harz in den etwas aufge-
spaltenen Pfeilschaft ein und umwickelte sie mit einer dünnen
Sehne.

»Aber du machst ja wirklich Pfeile mit einer Schneide statt
einer Spitze!«, sagte Mirtani verblüfft. Sie musste an das
Gespräch mit Saito und dessen Schwager denken.

»Natürlich. Für die Vogeljagd immer. Warum?«

»Ach, nur so. Ich dachte immer, Pfeile müssten vorne spitz
sein.«

Dilgo lachte. »Da würdest du dich bei der Vogeljagd ganz
schön schwer tun! Die Form der Pfeilspitzen hängt von der
Tierart ab, die man jagen will. Komm, versuchen wir unser
Glück!«

Er nahm den Bogen über die Schultern, die Pfeile in die Linke
und reichte ihr die Rechte. Einen Atemzug lang schauten sie
sich in die Augen. Dann blickte er zu Boden. »Mirtani, es tut mir
Leid, dass ich dich vorhin so angeschrien habe«, sagte er leise.

Statt einer Antwort rieb sie ihre Wange an seiner Schulter.
Nun konnte es doch noch ein Festtag werden.

*

Dilgo wachte auf. Es war mitten in der Nacht, aber nicht ganz
finster. Schwach schien das Mondlicht durch die Bäume. In
drei Tagen war Vollmond.

Dilgo setzte sich auf. Irgendetwas stimmte nicht, er spürte
es genau. Er tastete zur Seite, suchte Mirtanis Kopf. Schreck
durchfuhr ihn. Mirtani war nicht da! Er sprang auf, sah sich
um, versuchte im Dunkel etwas zu erkennen. Keine Spur von
Mirtani. Das konnte doch nicht wahr sein! Sie durfte doch
nicht weggelaufen sein! Ohne ihn würde sie sich im Wald doch
nicht zurechtfinden.

»Mirtani!«, rief er laut. Seine Stimme hallte von der Bergwand jenseits des Flusses zurück: »Tani!«

»Ich bin hier!«, antwortete es aus der Höhe. Mirtanis Stimme klang erstickt.

Dilgo atmete auf.

Ein Glück, Mirtani war da, Mirtani war nichts zugestoßen. Aber warum hatte sich ihre Stimme so merkwürdig angehört?

Er kletterte die Felswand hinauf. Hier oben, auf ihrem Lieblingsplatz, fand er Mirtani. Auf dem Fluss glitzerte das Mondlicht. Der Felsen lag im Schatten, dennoch war es hier viel heller als unter den Bäumen. Deutlich konnte er Mirtani erkennen. Er setzte sich neben sie, legte den Arm um ihre Schultern und streichelte ihre Wange. Seine Finger wurden nass.

»Aber du weinst ja, Mirtani!«

Mirtani legte den Kopf an seine Brust. »Ich kann nicht anders«, schluchzte sie. »Ich muss immer an Efnidi denken. Sie wird bald ihr Kind bekommen. Vielleicht hat sie es schon. Vielleicht ist sie auch tot. Oh Dilgo!«

Dilgo presste Mirtanis Kopf an sich. Er wusste nicht, was er sagen sollte. Er hätte sie so gerne getröstet, aber er wusste nicht, wie.

Mirtani fuhr fort: »Und Mutter wird sich furchtbare Sorgen um mich machen. Ich finde mich so gemein, dass ich ihr das antue. Ich weiß genau, wie viel ich ihr bedeute und dass sie jetzt meinetwegen Angst hat. Bestimmt ist sie vor Kummer ganz außer sich und Tante Emonis macht alles noch schlimmer.«

»Du willst nach Hause zurück«, stellte Dilgo fest. Er merkte selbst, wie spröde seine Stimme war. Etwas schnürte ihm den Hals zu.

»Nein! Dilgo, ich will mit dir zusammen sein. Aber nicht so.

Ach, ich weiß selbst nicht. Warum ist nur alles so furchtbar schwierig? Was soll ich bloß tun?«

»Wir könnten zu deiner Familie gehen und ihnen alles erklären. Dann könntest du wieder mit mir kommen.«

»Du glaubst doch nicht, dass die mich wieder gehen lassen würden! Und außerdem . . .« Mirtani stockte. Dann fuhr sie leise fort: »Und außerdem, ich traue mich nicht. Ich hab so Angst. Du weißt nicht, wie mein Vater sein kann, wenn er zornig ist. Und er ist bestimmt zornig. Und Tante Emonis! Wenn ich nur mit Efnidi reden könnte! Efnidi würde mich verstehen. Efnidi wüsste vielleicht, was zu tun ist. Ach, Dilgo, Dilgo!«

Dilgo dachte lange nach. Dann straffte er sich und erklärte: »Du wirst mit Efnidi reden! Dafür sorge ich. Sobald die Sonne aufgeht, machen wir uns auf den Weg zu eurem Dorf. Du bleibst im Wald versteckt und ich schleiche mich an und suche Efnidi. So wenig wachsam, wie ihr alle seid, wird es mir schon gelingen, unbemerkt an Efnidi heranzukommen. Dann sage ich ihr, dass du im Wald auf sie wartest. Und dann kommt sie zu dir und du kannst mit ihr reden.«

»Meinst du, das geht? Meinst du wirklich? Ach, Dilgo, du bist wunderbar!«

Dilgo hielt ihren Kopf an seiner Brust und streichelte ihr Haar.

Mirtani seufzte getröstet. Dilgo aber war traurig, so traurig wie noch nie.

*

Sie näherten sich dem Dorf. Dilgo ging vorneweg. Mirtani dicht hinter ihm. Sie vermieden den Weg aus Furcht, sie könnten jemandem aus dem Dorf in die Hände laufen. Bald würde Dilgo allein weitergehen müssen, aber so lange wie möglich wollten sie zusammenbleiben.

Plötzlich blieb Dilgo stehen und machte Mirtani ein warnendes Zeichen. Sie stockte. Kam da vielleicht einer aus ihrem Dorf? Nein, sie hörte nichts von Menschen, aber etwas anderes: einen schauerlichen Ton, ein furchtbares, entsetzliches Heulen.

»Was ist das?«, flüsterte Mirtani erschrocken.

»Ein verletzter Wolf. Er muss schreckliche Schmerzen haben. Komm!«

Mirtani wollte Dilgo zurückhalten, aber er war schon losgelaufen, genau in die Richtung, aus der das Heulen kam. Widerstrebend folgte sie ihm. Sie kamen in einen lichten Eichenwald. Das Heulen wurde immer lauter. Dilgo rannte so schnell, dass Mirtani nicht mitkam. Als sie ihn eingeholt hatte, kniete er am Boden unter einer Eiche.

Mirtani näherte sich vorsichtig. Sie schaute Dilgo über die Schulter. Sie sah den herabgestürzten großen Stein und das zuckende Hinterteil des Wolfes. Sein Vorderteil war nicht zu sehen. Es war unter dem Stein begraben. Festgeklemmt lag der Wolf da, mit zerschmetterten Schultern. Also hatte es geklappt – es war ihrem Vater und ihrem Bruder gelungen, einen Wolf in der Falle zu fangen.

Dilgo zog sein Messer vom Gürtel. Er schob es unter den Leib des Wolfes. Dann stieß er kräftig zu.

Das Heulen verstummte. Das Zucken hatte ein Ende.

Dilgo stemmte sich gegen den Steinbrocken und versuchte ihn wegzuheben. Es ging nicht. Der Stein war zu schwer. Da stand Dilgo langsam auf und drehte sich zu Mirtani um.

Mirtani erschrak. Dilgos Gesicht war blass und von Tränen überströmt. Seine Augen waren fast schwarz und sein Ausdruck ganz fremd. Was hatte er nur?

107

Heiser sagte er: »Es ist eine Wölfin. Sie hat Milch in den Zitzen. Jetzt werden ihre Jungen verhungern.« Und plötzlich schrie er los: »Das wart ihr! Ihr! Ihr! Was seid ihr bloß für Menschen! Wie könnt ihr nur so grausam sein, so hinterhältig und so gemein!

Mirtani starrte ihn an. Was war in ihn gefahren? Wie konnte er sie so anschreien, ihr solche Dinge an den Kopf werfen? Zorn stieg in ihr auf, aber sie versuchte sich zu beherrschen. Mühsam sagte sie: »Aber wir müssen uns doch gegen die Wölfe wehren. Wir müssen sie doch ausrotten.«

»Ausrotten?«, schrie Dilgo, nun vollends außer sich. Er packte Mirtani an den Schultern und schüttelte sie heftig. »Ausrotten? Heißt das, dass ihr alle Wölfe hier im Wald auf diese niederträchtige Art umbringen wollt?«

Mirtani wand sich unter seinem Griff. Was fiel Dilgo eigentlich ein so mit ihr umzuspringen! »Ja, das heißt es! Die Wölfe reißen unsere Ziegen und unsere Kälber. Wir lassen uns doch unsere Tiere nicht von den Wölfen auffressen!«

Dilgo ließ sie los. Er schrie jetzt nicht mehr, seine Stimme war ganz kalt und voller Hass: »Eure Tiere! Es gibt keine Tiere, die euch gehören! Tiere gehören nicht den Menschen. Tiere gehören sich selbst. Aber davon habt ihr ja keine Ahnung!«

»Du hast keine Ahnung!« Nun konnte sich Mirtani nicht mehr halten. »Du hast keine Ahnung davon, wie viel Mühe es macht, die Rinder und Ziegen zu hüten und zu schützen und ihre Pferche zu bauen und dafür zu sorgen, dass sie im Winter genug zu fressen haben. Das ganze Laub, das dafür gesammelt werden muss! Und dann kommt so ein Rudel Wölfe und frisst uns unsere Tiere weg! Unsere Tiere, jawohl! Aber von denen verstehst du ja nichts!«

»Ach, ich verstehe nichts von Tieren? Ich lebe nur mit ihnen, als ob sie meine Brüder und Schwestern wären. Aber richtige Tiere, nicht solche widersinnigen Zerrbilder wie eure Rinder! Ein Auerochse, das ist ein wirkliches, ein herrliches Tier, aber wozu habt ihr ihn gemacht! Ihr macht ja alles kaputt. Alles, was ihr in die Hand nehmt, zerstört ihr. Die Auerochsen. Die Wölfe. Den Wald. Wenn ich sehe, was ihr aus dem Wald hier gemacht habt, kann ich nur heulen. Zerstörung, nichts als Zerstörung! Und darauf seid ihr auch noch stolz!«

»Nun hab dich bloß nicht so mit deinem Wald! Der Wald ist riesengroß. Was macht es da aus, wenn wir ein Stück davon roden! So etwas Lächerliches, was sollen ein paar gefällte Bäume schon schaden! Du bist nur neidisch, weil ihr das nicht könnt! Nichts könnt ihr! Ihr könnt keine Bäume fällen und keine Häuser bauen, ihr könnt keine Tiere züchten und keine Gefäße töpfern und ihr könnt schon gar nicht einen Acker bestellen und Getreide ernten und Korn mahlen und Brot backen! Ihr seid so stolz darauf, dass ihr euch so gut an Tiere anschleichen könnt und seltene Pflanzen findet. Was ist das schon! Das können die Tiere auch! Aber was wir machen, das können nur Menschen. Nur wir! Nicht ihr!«

Dilgo war leichenblass geworden. Stumm stand er da und sah Mirtani fremd an. »So ist das also«, sagte er leise.

»Ja, so ist das! Wenn ich denke, dass ich für dich so leben wollte wie du! Ohne Haus und ohne meine Familie und ohne Brot! Aber das ist vorbei. Zum Glück! Geh du in deinen Wald und zu deinen Wölfen! Die liebst du ja doch mehr als mich!« Damit drehte sie sich um und lief davon.

Dilgo stand wie vom Donner gerührt. Endlich rannte er ihr nach. »Mirtani!«, schrie er.

Sie blieb stehen und fuhr ihn an: »Lass mich! Ich will dich nicht mehr sehen! Ich gehe zurück zu meiner Familie. Und nie mehr, hörst du, nie mehr will ich dich wieder sehen.«

Kapitel 8
Dilgo

»**D**ilgo! Du bist es! Du bist es wirklich!«

Die Stimme kam aus der Höhe, von einem Baum. Die Zweige bewegten sich und dann kam kletternd und rutschend Endris herunter. Sie rannte Dilgo entgegen und umarmte ihn stürmisch. »Seit Sonnenaufgang warte ich auf dich! Ach, Dilgo, bin ich froh, dass du wieder da bist.«

Dilgo drückte seine Schwester an sich. »Ja«, sagte er, »ich bin es auch.«

»Du siehst aber gar nicht so froh aus. War es sehr schlimm? Du musst mir alles erzählen, Dilgo, ganz genau.«

»Nicht jetzt, Endris. Später einmal, vielleicht.«

Er nahm Endris bei der Hand. Wie oft war er früher mit ihr so Hand in Hand durch den Wald gelaufen. Jetzt erinnerte ihn ihre Hand an Mirtani. Er presste die Lippen zusammen: Er wollte nicht mehr an Mirtani denken, nie mehr. Aber seine Gedanken kehrten immer wieder zu ihr zurück.

Die ersten Hütten des Lagers waren zwischen den Bäumen zu erkennen. Das Lager war groß geworden, denn inzwischen waren die anderen Familien dazugestoßen, die beiden Gruppen, mit denen man sich jeden Sommer traf. Dreimal fünf Familien waren es, die hier am Fluss jene Monate gemeinsam miteinander verbringen würden, in denen die Beschaffung von Nahrung mühelos war. Im Winter war es besser, sich in kleinere Gruppen aufzuteilen, um in weit auseinander liegenden Gegenden der Jagd nachzugehen.

Dilgo wurde von Verwandten und Freunden umringt. Jeder wollte ihn berühren, alle redeten und lachten durcheinander. Dabei fiel es keinem auf, wie schweigsam Dilgo war. Dann wurde es ruhig. Labon war hinzugekommen.

»Sieh an, Dilgo ist zurück«, sagte er. »Dilgo, der die Probe bestanden hat.«

»Nein!«, antwortete Dilgo. »Ich habe die Probe nicht bestanden.«

Alle schwiegen betroffen. »Warum?«, fragte Labon schließlich. »Keiner von uns ist dir begegnet. Keiner von uns hat deine Spuren gesehen. Du hast die Bedingungen erfüllt.«

»Nein«, wiederholte Dilgo, »denn ich war nicht die ganze Zeit allein. Ich war am Großen Fluss. Dort habe ich Leute getroffen, die in riesigen Gebäuden wohnen und die Erde zwingen das wachsen zu lassen, was sie essen wollen.«

»Ach!«, sagte der Großvater. »Die! Dann bist du also den Bauern begegnet, sieh mal an.«

Dilgo starrte seinen Großvater an. Dann brach es aus ihm heraus: »Soll das heißen, dass ihr diese Leute kennt? Soll das heißen, dass ihr mich nach Süden habt ziehen lassen, ohne mir von ihnen zu erzählen? Obwohl ihr wusstet, dass die dort leben! Warum habt ihr nichts davon gesagt? Warum habt ihr mir das angetan?«

Sein Vater antwortete: »Wir reden vor Kindern nicht von ihnen. Aber nun hast du es ja herausgeschrien. Hör zu, Dilgo. Wir wussten nicht, dass die Bauern inzwischen auch schon südlich unseres Flusses leben. Sonst hätten wir dich gewarnt, da kannst du sicher sein. Wir wussten nur von denen, die jenseits des Großen Flusses leben, weiter im Norden.«

»Obwohl wir es uns hätten denken können!«, meinte der Großvater. »Diese Bauern breiten sich wie ein Wildwasser aus, das seinen Weg sucht. Und sie hinterlassen die gleichen

Spuren der Zerstörung. Weit in den Wald dringen sie freilich nicht vor. Sie bleiben am Großen Fluss, da, wo der Boden schwer und klebrig ist. Auf solchem Boden wächst ihr seltsames Gras am besten. In unserem Gebiet gibt es nur einen schmalen, kleinen Streifen solchen Bodens, über dem Tal des Großen Flusses. Bist du ihnen dort begegnet?«

Dilgo nickte.

Talgor sprang auf. »Wir müssen etwas gegen sie unternehmen!«, rief er.

Der Großvater schüttelte den Kopf. »Was willst du gegen ein Wildwasser unternehmen, Talgor? Willst du Dämme bauen? Die reißt es ein. Aber ich möchte gerne hören, warum Dilgo glaubt die Probe nicht bestanden zu haben.«

»Weil ich im Wald nicht immer allein war. Weil ich mit einem Mädchen zusammen war.«

»Wo ist das Mädchen jetzt?«

»Zurück zu ihrer Familie. Und da wird sie auch bleiben.«

Es war so still geworden, dass man das Zirpen der Grillen überlaut hörte. Schließlich trat Labon zu Dilgo und legte ihm die Hand auf die Schulter. »Mir scheint, Dilgo hat Schlimmeres hinter sich als nur die Probe. Ein Grund mehr ihn unter uns Männer aufzunehmen. Du gehörst zu uns, Dilgo.«

Dilgo erwiderte Labons Händedruck. Er erwiderte den Händedruck seines Großvaters, seines Vaters, seines Onkels, aller Männer. Das war der Augenblick, auf den er den ganzen Winter über gehofft hatte, dem er entgegengefiebert hatte. Aber er konnte sich nicht freuen. Er dachte an Mirtani.

*

Talgor reckte sich und rief: »Dilgo, das war eine herrliche Kletterei! Den Felsen macht uns so schnell keiner nach!«

Dilgo nickte und ließ sich neben Talgor auf den Felsboden fallen. Den ganzen Morgen hatten sie gebraucht, um die Felswand hinaufzuklettern, aber es hatte sich gelohnt – obwohl man ein Stück flussaufwärts ganz einfach den Steilhang hinaufsteigen und sich dem Felsen von oben hätte nähern können.

Dilgo sah zu, wie sich Talgor in der Sonne ausstreckte. Seit Tagen streifte er mit ihm allein durch den Wald. Es tat gut, mit Talgor zusammen zu sein.

Dort drüben, jenseits des Flusses, schimmerten die Felsen, bei denen er mit Mirtani gelebt hatte, die Felsen, die ihre Schlafhöhle bargen und auf deren Spitze ihr Lieblingsplatz gewesen war. Lange Zeit war seither vergangen, der Sommer war darüber ins Land gezogen und hatte seinen Höhepunkt schon überschritten.

Und Dilgo war erwachsen geworden. Seine Stimme war nun immer tief, ohne zu brechen, und gelegentlich musste er sich schon das Kinn schaben. Aber die Felsen dort drüben zu sehen, das tat immer noch weh.

Wie eine vergiftete Pfeilspitze, so saß die Erinnerung in seiner Brust. Die Erinnerung an das, was Mirtani gesagt hatte. Die Erinnerung an das, was er selbst gesagt hatte. Jedes Wort hatte er unzählige Male hin- und hergedreht. Man konnte es drehen und wenden, wie man wollte, es gab keine Lösung. Mirtani hatte die Wahrheit gesagt. Er hatte die Wahrheit gesagt. Und doch konnte das nicht sein, denn das eine passte nicht zum anderen. Einer von ihnen musste blind sein. Wie, wenn er selbst der Blinde wäre? So oder so: Die Liebe war zerstört. Und hörte doch nicht auf. Seine jedenfalls hörte nicht auf. Aber Mirtani wollte ihn ja nicht mehr sehen!

»Wollen wir über den Fluss schwimmen und dort drüben bei den Felsen unser Lager aufschlagen?«, fragte Talgor.

»Nein!«, sagte Dilgo bestimmt. Seine Stimme war rau.

Talgor schaute ihn nachdenklich an. »Du denkst noch immer an sie, nicht wahr? Würdest du sie gerne wieder sehen?«

»Nein! Nie und nimmer!«, erklärte Dilgo heftig. Und er dachte: Wenn ich vorhin den Felsen hier hinuntergefallen wäre, dann wäre endlich alles vorbei. Er stand auf und rief: »Komm, Talgor, versuche mich zu fangen! Mal sehen, wer von uns beiden schneller ist!« Damit drehte er sich um, sprang von der Felsnase auf den bergan gelegenen Waldboden und hetzte den Hang weiter hinauf. Hinter sich hörte er Talgor. Er rannte, so schnell er irgend konnte, sprang über Steine und niederes Gebüsch, schlug Haken um Bäume herum. Talgor blieb ihm auf den Fersen. Schließlich lehnte sich Dilgo schwer atmend gegen eine alte Esche.

Talgor stieß ihn leicht in die Seite. »Na, was ist«, fragte er, »gibst du schon auf?«

Als er die Tränen in Dilgos Augen sah, wandte er sich schweigend ab und setzte sich wartend neben ihn auf den Boden. Diesem Mädchen könnte ich den Hals umdrehen, dachte er.

*

Der Wald schien den Atem anzuhalten. Die Tiere suchten geschützte Plätze auf, die Luft knisterte förmlich vor Spannung.

»Das wird etwas Größeres. Wir können uns auf ein Gewitter gefasst machen, wie man es nicht alle Tage erlebt!«, meinte Talgor.

Dilgo schlug mit einem Stein die Stangen tiefer in die Erde und überprüfte die Sehnen, mit denen die Felle am Zeltgerüst festgebunden waren. Dann hob er einen kleinen Graben um das Zelt aus, damit das Regenwasser gut ablaufen würde, und beschwerte die Felle unten am Boden mit großen Steinen. »Wir bleiben trocken«, stellte er fest.

»He, Dilgo, komm mal her! Das musst du sehen!«, rief Talgor von dem Felsen herunter, auf den er geklettert war.

Dilgo stieg zu Talgor hinauf. Von der Bergkuppe hier oben ging der Blick weit ins Land. Irgendwo dort im Süden musste das Dorf Mirtanis liegen.

Talgor wies stumm nach Nordosten. Gestochen scharf zeichneten sich die Wipfel der fernen Bäume unter dem schwarzen Himmel ab. Dort hinten, jenseits des Großen Flusses, hatte sich die ganze Macht des Gewitters zusammengeballt. Noch regnete es nicht. Aber ferne Blitze zuckten am Himmel, wieder und wieder, in unablässiger Folge. Dumpf war das Donnergrollen zu vernehmen. Und dann sahen sie das Feuer. Es loderte auf, an verschiedenen Stellen zugleich, es erhellte den schwarzen Himmel von unten, wetteiferte mit den Blitzen, breitete sich aus.

»Wenn es nicht endlich regnet, brennt dort der ganze Wald ab!«, stieß Dilgo gepresst hervor.

»Nicht nur der Wald. Auch die Dörfer. Dort wohnen Bauern!«, antwortete Talgor.

Ein Windstoß fegte von Süden heran. Erste Regentropfen klatschten herab. »Schnell, wir müssen in unser Zelt!«, rief Talgor.

Bis sie es erreicht hatten, waren sie schon tropfnass.

Sie kauerten sich ins Zelt, rieben sich gegenseitig trocken, lauschten dem Rauschen der Bäume, dem Trommeln des schweren Regens auf den Fellen, dem laut werdenden Donner.

»Hoffentlich regnet es dort auf den Waldbrand auch so wie hier bei uns!«, meinte Dilgo.

»Die Häuser der Bauern müssen die Blitze richtig anziehen,

so frei, wie sie mitten auf den gerodeten Flächen stehen, und so hoch, wie ihre Dächer sind!«, antwortete Talgor. »Und wie sie brennen müssen! All das trockene Holz, das trockene Schilf und das Stroh.«

Dilgo vergrub das Gesicht in den Händen. Auch Mirtani wohnte in so einem Haus. Auch über Mirtanis Haus tobte jetzt das Gewitter. Er biss sich auf die Lippen.

*

Scharf hing der Brandgeruch in der Luft. Nicht mehr lang und sie würden die Unglücksstelle erreicht haben. Seit dem Morgengrauen, seit der heftige Regen aufgehört hatte, waren sie unterwegs, denn sie wollten sich ansehen, was der gestrige Brand für einen Schaden angerichtet hatte. Nun ging es auf Mittag zu und sie waren gleich da. Lange schon, seit sie den Strom durchschwommen hatten, mehrten sich die Zeichen dafür, dass sie sich einem von Bauern bewohnten Gebiet näherten. Dilgo konnte inzwischen diese Zeichen so sicher erkennen wie die Fährte eines Hirsches. Sie beängstigten ihn nicht mehr, aber sie erfüllten ihn mit Trauer.

Endlich hatten sie das verbrannte Waldstück erreicht. Talgor begann sich mit Asche und verkohltem Holz einzureiben. Dilgo machte es ihm wortlos nach. Sie wollten nicht gesehen werden, wenn sie sich dem Dorf näherten, aber der Brand hatte die Deckung im Wald erschwert. Da war es das Beste, sich weitgehend an die Umgebung anzupassen, in der man unentdeckt bleiben wollte.

Wie zwei schwarzgraue Schatten schlichen sie durch den verkohlten Wald. Anklagend ragten die schwarzen, kahlen Äste in den Himmel, der solches Unheil über den Wald gebracht hatte. Da war eine Lichtung, das erste Feld. Oder das, was einmal ein Feld gewesen war. Nun war es verbrannt, von Asche bedeckt. Noch zwei weitere vernichtete Felder entdeckten sie, ehe sie zum Dorf kamen.

Zum Dorf? Dilgo stöhnte. Vor seinem inneren Auge sah er Mirtanis Dorf vor sich. Dieses hier musste einmal ähnlich ausgesehen haben.

Fünf Häuser mussten es einmal gewesen sein, vier Häuser der Größe wie die in Mirtanis Dorf und eines mit noch viel gewaltigeren, geradezu unvorstellbaren Ausmaßen. Doch was war von diesen stolzen Gebäuden übrig geblieben! Eingestürzte Dächer, verkohlte Balken, geborstene Wände, drohende Gerippe.

Lange standen sie hinter einem verkohlten Baum und schauten auf dieses Bild der Zerstörung. Einige Balken schwelten noch vor sich hin, Rauch zog zum Himmel.

Talgor machte Dilgo ein Zeichen und ging vorsichtig in Richtung auf den Großen Fluss. Nun erst sah Dilgo, was Talgor längst bemerkt hatte: dass am Ufer des Flusses Menschen waren.

Sie schlichen sich näher. Sie hörten Kinder schreien, Frauen weinen und Männer erregt durcheinander reden. Das mussten die Dorfbewohner sein. Am Ufer des Stromes sahen sie ein aus Baumstämmen zusammengefügtes Floß angebunden in der Strömung schaukeln.

»Zum Glück konnten sich wenigstens die Leute retten. Offensichtlich haben sie sich über den Fluss in Sicherheit gebracht«, flüsterte Dilgo.

»Ob ich das als Glück bezeichnen soll, weiß ich nicht so sicher!«, murmelte Talgor.

Dilgo schaute ihn betroffen an. Er wusste, dass Talgor voller Hass auf die Bauern war, aber dass er sich zu so einer Bemerkung hinreißen ließ!

Nun hatten sie sich so nahe herangepirscht, dass sie verstehen konnten, was die Menschen dort voller Verzweiflung sprachen:

».. . alle Felder vernichtet. Nicht ein einziger Weizenhalm ist übrig geblieben! – Unser Haus! Erst im letzten Jahr haben wir es gebaut und jetzt das! – Warum nur, warum ausgerechnet wir? – Und das Saatgut! Wir haben kein Saatgut mehr! – Wovon sollen wir leben! Womit sollen wir nächstes Jahr säen! – Die Rinder. Alle Rinder sind zerstreut. Wer weiß, ob wir die jemals wieder finden. – Vielleicht sind die Tiere im Feuer umgekommen. – Wir brauchen Hilfe! – Es gibt keine Hilfe!«

Talgor schlich sich wieder davon. Dilgo folgte ihm.

Lange gingen sie schweigend durch den verkohlten Wald. Dann hatten sie die Stelle erreicht, an der der Waldbrand geendet hatte. Sie wuschen sich im Strom und tauchten unter. Prustend sagte Talgor: »Ich verstehe die Bauern nicht: Sie sitzen da und jammern. Waldbrände hat es schon immer gegeben. Aber die sind ja unfähig sich selbst zu helfen. Sitzen da und jammern nach Hilfe! Da können sie lange warten.«

Mirtani, dachte Dilgo, Mirtani, wenn euch so etwas zustößt, was werdet ihr dann tun? Ihr seid so klug, ihr könnt so vieles. Ihr könnt Häuser bauen und Weizen wachsen lassen und Tiere in eurer Nähe halten. Aber könnt ihr noch ohne eure Häuser und ohne euren Weizen und ohne eure Herden leben?

Kapitel 9
Mirtani

Mit beiden Händen raffte Mirtani ein Büschel Weizenhalme zusammen, knickte es kurz unterhalb der Ähren um, brach die Ähren ab, warf sie in den Korb. Und weiter: das nächste Büschel und das nächste und das nächste ... Den ganzen Tag ging das nun schon so und nicht nur diesen Tag, viele Tage. Die Getreideernte war die anstrengendste Zeit im ganzen Jahr, von Sonnenaufgang bis Sonnenuntergang standen alle Frauen auf dem Feld.

Mirtanis Hände waren schon ganz schwielig von dieser Arbeit. Trotzdem war es ihr lieber, mit bloßen Händen zu arbeiten als mit der Sichel wie Efnidi. Efnidi arbeitete neben ihr. Sie fasste die Ähren mit der Linken zusammen, schnitt sie mit der Sichel ab. Die scharfen Feuersteinklingen, die wie Zähne in dem gebogenen Holz saßen, fraßen sich durch die Halme. Aber Mirtani kam damit nicht so gut zurecht.

Mirtani streckte sich, wischte sich den Schweiß von der Stirn, presste die Hände gegen den schmerzenden Rücken. Dieses Arbeiten in gebückter Haltung war schrecklich. Könnte der Weizen nicht ein bisschen höher wachsen, damit man sich nicht so bücken müsste!

»Mirtani, steh nicht so faul herum!«, hörte sie hinter sich die Stimme der Tante.

Natürlich, Tante Emonis entging nicht die kleinste Pause, die man machte, und seit sie, Mirtani, im Frühjahr aus dem Wald zurückgekehrt war, war alles noch schlimmer geworden.

Seither ließ die Tante nicht die geringste Gelegenheit aus an ihr herumzunörgeln.

Efnidi sagte leise: »Bald haben wir es für heute geschafft, Mirtani, bald geht die Sonne unter.«

Mirtani lächelte ihre Schwester an. Wenn Efnidi nicht wäre! Efnidi war die Einzige, die sie verstand. Wenn sie damals nicht gewesen wäre, damals, als sie sich von Dilgo getrennt hatte und nach Hause gekommen war. Die Tränen der Mutter, der Hohn der Tante, der Zorn des Vaters – gegen all das hatte Efnidi sie in Schutz genommen, so gut sie konnte.

Vom Waldrand herüber war das Weinen eines Säuglings zu hören.

»Bitte, Mirtani, sei so lieb und sieh mal nach meinem Söhnchen!«, sagte Efnidi laut. Efnidi war wirklich ein Schatz.

Mirtani lief über das Feld auf den Waldrand zu. In einer kleinen Hängematte aus Leinenseilen hing hier am Ast einer Eiche, in sicherer Entfernung vom Boden, Efnidis Sohn. Jetzt war es ihm offensichtlich zu langweilig geworden. Er strampelte mit den Füßen und streckte Mirtani die Arme entgegen. Mirtani nahm ihn aus der Hängematte und wiegte ihn in ihren Armen. Leise summte sie ihm ein Lied ins Ohr und rieb ihre Wange an dem weichen Flaum auf seinem Kopf. Sie schloss die Augen. Sie sehnte sich so sehr nach Zärtlichkeit. Sie sehnte sich so sehr nach Dilgos Händen auf ihrem Haar.

Hier an dieser Stelle hatte damals Lurini gespielt, als der Wolf gekommen war. Dort drüben, aus jenem Gebüsch, war Dilgo gerannt gekommen, um sie vor dem Wolf zu beschützen. Dilgo, der sich vor dem Wolf nicht fürchtete.

Ob es stimmte, was sie gesagt hatte, dass er die Wölfe mehr liebte als sie, Mirtani? Und selbst wenn es stimmte, sie hätte es nicht sagen dürfen, nicht so. Und alles andere hätte sie schon gar nicht sagen dürfen. Wie oft hatte sie es schon bereut. Wie viele Nächte lang hatte sie sich überlegt, wie sie es Dilgo erklären könnte! Sie hatte ja längst verstanden, dass er damals nur aus Schmerz über den getöteten Wolf so außer sich gewesen war. Konnte er denn nicht verstehen, dass sie nur aus Verletztheit Dinge herausgeschrien hatte, die sie niemals hatte sagen wollen?

»Ach, Dilgo, wenn ich wüsste, wo ich dich finden kann, ich käme zu dir, um dir alles zu erklären!«, flüsterte sie in das Haar des Kindes. »Warum kommst du nicht zu mir? Nur noch ein einziges Mal!«

Aber sie wusste ja, warum: Sie selbst hatte es ihm verboten.

*

»Schneller, Mirtani, schneller!«, rief Lurini.

Mirtani lachte. Sie versuchte noch schneller zu laufen, schaffte es aber nicht. Lurini war schon ganz schön schwer, es war auf die Dauer recht anstrengend, sie auf ihrem Brett zu ziehen. Die Stricke schnitten einem dabei in die Schultern. Trotzdem machte es Spaß.

Unter ihren nackten Füßen knirschte das Korn. Die Ähren piksten in die Fußsohlen. Weiter und weiter lief Mirtani im Kreis, zog Lurini hinter sich her, immer über die Ähren. Dann hielt sie an und bückte sich, nahm prüfend hier und da Ähren vom Boden auf. Kein einziges Korn saß mehr daran, alle lagen losgetreten am Boden.

»Steig ab, Lurini, und hilf mir!«, sagte Mirtani.

»Schon?«, maulte die Kleine enttäuscht.

»Ach, Lurini, wir beiden werden noch so viel Weizen zu dreschen haben, dass du es langweilig finden wirst, im Kreis herumgezogen zu werden! Komm, jetzt hilf die leeren Ähren zusammenzuharken. Aber sei schön vorsichtig, dass kein Korn dabei mit ins Stroh kommt!«

Lurini raffte ein Büschel der ausgedroschenen Ähren zusammen und sagte zweifelnd: »Kannst du dir vorstellen, dass man so etwas fressen kann?«

Mirtani lachte: »Nein! Aber ich bin ja auch keine Kuh!«

Und plötzlich dachte sie: Aber ein Vogel, ein Vogel wäre ich gern. Dann würde ich über den Wald fliegen und Dilgo suchen.

*

Endlich wehte einmal der richtige Wind, eine leichte Brise, sanft und gleichmäßig. Seit vielen Tagen hatten sie auf diesen Wind gewartet, aber entweder hatte die Luft drückend schwer und bewegungslos über dem Stromtal gestanden oder Sturmböen waren entlanggefegt. Eines so ungeeignet wie das andere, wenn man worfeln wollte.

Es brauchte einen leichten Wind, um durch Hochwerfen die Getreidekörner von der Spreu zu trennen: War es windstill, so fielen Körner und Spreu gemeinsam in den Korb zurück, war der Wind zu heftig, so wurden nicht nur die Spreu, sondern auch die Körner davongeweht. Weil der rechte Wind ausgeblieben war, waren sie sehr in Verzug geraten.

Der Herbst brach bald an und noch immer lagerte nicht viel mehr als die gute Hälfte des Korns auf den Zwischenböden in den Häusern. Heute endlich konnten sie versuchen so weit als irgend möglich den Rest aufzuarbeiten.

Mirtani füllte den flachen Korb mit ein paar Hand voll von dem mit Spreu vermischten Weizen, dann warf sie das Gemisch hoch. Das war gar nicht so einfach, man musste genau den richtigen Schwung dabei finden: hoch genug, damit der Wind Zeit hatte die Spreu davonzublasen, ehe sie wieder herabfiel, ganz gerade, damit es gelang, alle Körner im Korb wieder aufzufangen, ohne dass welche auf dem Boden landeten.

Dicht neben ihr stand Efnidi, daneben die Mutter. Fast alle Frauen des Dorfes hatten sich heute eingefunden, nur Tante Emonis war glücklicherweise im Haus geblieben, weil sie angeblich beim Worfeln immer husten musste. Mirtani grinste vor sich hin. Von ihr aus konnte die Tante so lange im Haus bleiben, wie sie wollte, sie, Mirtani, würde die Tante bestimmt nicht vermissen!

Mirtani begann zu singen, Efnidi fiel mit ein. Es war schön, zweistimmig zu singen.

Als sie geendet hatten, sagte die Mutter: »Was für ein trauriges Lied du da angestimmt hast, Mirtani! Sing doch mal etwas Fröhlicheres.«

»Ach lass, Mutter«, antwortete Efnidi, »wie kann sie fröhliche Lieder singen, wenn sie traurig ist!«

Mirtani schaute zum Wald hinüber. Unzählige Male an jedem Tag schaute sie zum Wald hinüber. Aber nie sah sie Dilgo aus dem Wald herauskommen.

Doch da bewegte sich etwas! Nicht auf dem Weg, im Gebüsch! Ob das Dilgo war? Ihr Herz schlug schneller, Blut schoss ihr in den Kopf. Dann rief sie sich selbst zur Vernunft. Nein – es konnte nicht Dilgo sein. Wenn Dilgo durch ein Gebüsch schlich, dann bewegten sich nicht die Zweige, dann merkte man nichts. Außerdem würde Dilgo nicht kommen, nie. Wahrscheinlich war es einer der Männer oder Jungen. Die waren heute alle im Wald, um Rinderfutter für den Winter zusammenzutragen, vor allem Ulmenblätter, denn die ergaben das beste Laubheu.

Nein, auch die Männer des Dorfes waren es nicht! Mirtani stieß einen erschreckten Aufschrei aus. Das Korn, das sie eben hochgeworfen hatte, fiel zu Boden.

»Was ist?«, fragte Efnidi.

Stumm wies Mirtani zum Waldrand.

Nun schrie auch Efnidi erschrocken auf.

Der ganze Wald schien in Bewegung gekommen zu sein. Und dann brach es daraus hervor. Eine ganze Horde Männer, mehr Männer, als zu Mirtanis Dorf gehörten. Fremde Männer, aber in der vertrauten Kleidung der Bauern. Und doch sahen sie nicht wie Bauern aus, eher wie wilde Raubtiere.

Sie waren bewaffnet: mit Steinäxten, mit Speeren, mit Stöcken, und sie stürzten sich ihnen wie ein Rudel wütender Wölfe entgegen.

»Efnidi! Efnidi, ich habe Angst!«, rief Mirtani und klammerte sich an die große Schwester.

Diese legte schützend die Arme um sie und zog Mirtanis Kopf an ihre Brust. Mirtani konnte nichts mehr sehen. Sie wollte auch nichts sehen. Sie hörte Efnidis rasenden Herzschlag, sie hörte die angstvollen Schreie der Mutter und der anderen Frauen und Mädchen und sie hörte die befehlenden Stimmen der fremden Männer: »Los, alle dort rüber! Wird's bald! Wer wegläuft, den erschlagen wir! Also tut, was wir euch sagen!«

Jemand riss Mirtani an den Haaren von Efnidi fort. Mirtani wehrte sich und versuchte Efnidis Hand festzuhalten. Da traf ein Knüppel sie hart am Arm. Der Schmerz durchzuckte sie wie Feuer. Die Kraft verließ den Arm, Efnidis Hand entglitt ihr.

Von Männerfäusten vorwärts gestoßen, taumelte Mirtani gegen den Zaun. Wenig später waren alle Frauen und Kinder hier zusammengetrieben. Das Schreien war verstummt. Die Angst nahm ihnen die Stimme. Wenigstens war Efnidi wieder an Mirtanis Seite.

Die fremden Männer hatten starke Stricke mitgebracht. Mit denen fesselten sie nun die Frauen. Immer zwei Frauen wurden an den Händen aneinander gefesselt und dann an den Zaun gebunden. In kurzer Zeit war alles vorbei.

Die Männer liefen auf die Wohnhäuser zu. Mirtani sah in der Tür ihres Hauses Tante Emonis stehen. Gebieterisch trat sie den Männern in den Weg, wollte ihnen den Zutritt zu dem Haus verweigern. Da hob einer der Männer seine Steinaxt und schlug zu. Die Tante stürzte zu Boden, die Männer stürmten über sie hinweg in das Haus. Reglos blieb die Tante liegen. Der Boden färbte sich rot.

Mirtani schloss die Augen. Tante Emonis, dachte sie, ich habe dich nie gemocht. Aber das, das hätte ich dir selbst im größten Hass nicht gewünscht. Wenn du noch lebst, Tante, wenn du noch lebst, dann will ich alles tun, um dich gesund zu pflegen, dann will ich nie wieder unfreundlich zu dir sein. Wenn du nur lebst!

Aber da hörte sie Efnidis Stimme: »Sie ist tot. Tante Emonis ist tot. Warum gibt es solche Menschen!«

Mirtani weinte stumm vor sich hin. Als sie die Augen wieder öffneten, sah sie die Männer aus den Häusern herauskommen. Sie waren schwer mit Körben bepackt.

Eine der Frauen schrie gellend auf: »Unser Weizen! Sie tragen unseren ganzen Weizen davon!« Andere Frauen stimmten in das Schreien ein.

Die Männer kümmerten sich nicht darum. Geduckt unter der Last der schweren Körbe, in denen sie zusammengerafft hatten, was sie an Getreide und getrocknetem Gemüse auf den Zwischenböden gefunden hatten, zogen sie ab. Keiner von ihnen schaute sich noch einmal nach den gefesselten Frauen und Kindern um.

Mirtani zog und zerrte an den Fesseln, aber je mehr sie sich zu befreien versuchte, desto fester zogen sich die Stricke. Schließlich gab sie es auf.

Weinen, Klage, Fluchen und Beten erfüllte die Luft. Tante Emonis lag reglos vor der Tür in ihrem Blut.

Vom Wald her wurde lautes Schreien vernehmbar. Saito stürzte aus dem Wald und rief: »Zu Hilfe! Zu Hilfe! Unsere Rinder! Sie rauben unsere Rinder!« Plötzlich brach sein Schreien ab. Er hatte die gefesselten Frauen entdeckt. Starr blieb er stehen, starrte sie ungläubig an.

Eine der Frauen schrie: »Saito! So komm doch endlich her und befreie uns!«

Saito zog das Messer vom Gürtel und begann die Stricke durchzuschneiden. Dabei murmelte er immer wieder vor sich hin: »Das darf doch nicht wahr sein. Das darf doch alles nicht wahr sein.«

Als er Mirtani losgebunden hatte, lief diese sofort zu Tante Emonis. Sie kniete sich neben ihr nieder. Die Tante war tot, ihr Schädel war gespalten.

Mit Tränen in den Augen sah sich Mirtani nach Efnidi um. Efnidi trat aus der Tür ihres neuen Hauses. Im Arm hielt sie ihren Sohn, küsste ihn immer und immer wieder ab. »Dem Himmel sei Dank, der mein Söhnchen bewahrt hat, wenigstens mein Söhnchen!«, schluchzte Efnidi.

*

Mirtani ging am Waldrand entlang und pflückte Blumen und Zweige mit schönen bunten Beeren. Die Tränen liefen ihr übers Gesicht, als sie das kleine rosafarbene Alpenveilchen entdeckte, das die Lieblingsblume der Tante gewesen war. Sie suchte weiter, bis sie ein ganzes Sträußchen davon zusammenhatte. Dann ging sie damit zum Begräbnisplatz, einer Lichtung im Wald.

Zwei Gräber waren frisch ausgehoben, eines für Tante Emonis und eines für den älteren Hirten. Beim Versuch, seine Herde vor den Räubern zu beschützen, war er erschlagen worden, erschlagen wie Tante Emonis. Zuvor aber war es ihm noch geglückt, wenigstens einige der Rinder davonzujagen. So hatten die fremden Männer nicht die ganze Herde erbeutet, aber doch mehr als die halbe. Wie sie auch mehr als die Hälfte der Weizenernte mitgenommen hatten: alles Getreide, das fertig bearbeitet in den Häusern gelagert hatte.

Mirtani legte die Zweige und Blumen neben die Gräber. Heute Abend würden die Toten beerdigt, dann wollte sie die Tante und den Hirten mit dem Grün zudecken, ehe die Erde über sie geschaufelt würde. Aber noch reichte es nicht. Sie musste noch viel mehr Zweige und Blumen sammeln.

Als sie endlich ins Haus zurückkam, hatten Mutter und Efnidi die Tante hergerichtet. Sie hatten ihr das Blut abgewaschen und das Haar so über die Wunde gekämmt, dass man diese nicht mehr sah. Das Haar hatten sie mit einem schön geschnitzten, mit zierlichen Löchern gemusterten Knochenkamm festgesteckt, kunstvoll hatten sie unzählige kleine Flussschneckengehäuse darin eingeflochten. Den kostbarsten Schmuck hatten sie der Tante angelegt: den Armreif aus der großen Muschel, die von weit her aus dem Süden gekommen war, den geflochtenen Gürtel mit der Schließe aus der gleichen Muschel, die Halskette mit den gleichmäßig geschnitzten Knochenperlen. Schön, friedlich und gar nicht mehr unzufrieden sah die Tante aus, wie sie dalag, alle Verbitterung ihres Lebens und alle Schrecken ihres Todes waren aus ihrem Gesicht gewichen.

Nun war es Zeit zur Beerdigung. Alle Dorfbewohner zogen schweigend zur Begräbnisstätte. Unter tiefem Schweigen wurden die beiden Toten in ihre Gruben gelegt, seitlich, mit angezogenen Beinen und überkreuzten Armen, den Blick nach Süden gerichtet. Jede Familie legte eine Beigabe in die Gräber: eine Steinaxt und Gefäße mit verschiedenen Speisen bei dem

Hirten, einen Mahlstein, Kochgeschirr und Weizengrütze bei der Tante. Dann wurden die Gräber geschlossen. Erst jetzt begann die Totenklage.

*

Mirtani kniete sich neben das Feuer und legte neue Scheite auf. Der Regen trommelte auf das Dach. Kühl war es draußen geworden, deshalb hatten sich alle im Haus versammelt, alle, das ganze Dorf, im Haus von Mirtanis Familie. Der große Wohnraum summte von dem Stimmengewirr.

Das Feuer brannte höher, die Flammen leckten an dem trockenen, harzigen Kiefernholz. Mirtani hielt ihre Hände darüber, doch dann ließ sie sie mutlos sinken. Gegen diese Kälte konnte das Feuer nicht helfen. Das Feuer wärmte nur von außen, sie aber fror von innen heraus. Die Gespräche waren es, die sie so frieren ließen.

Immer und immer wieder drehten sie sich um den gleichen Punkt: Weit mehr als die Hälfte der Weizenernte, fast der gesamte Vorrat an getrockneten Linsen, Erbsen und Leinsamen und die halbe Rinder- und Ziegenherde waren durch den Überfall verloren gegangen. Damit war all das unwiederbringlich dahin, was den Winter über zur Nahrung dienen sollte. Würde man jetzt wie gewöhnlich im Herbst einige Tiere schlachten, so wären es im nächsten Frühjahr zu wenig, um eine ausreichende Anzahl von Kälbern und Zicklein zu gebären und Milch zu geben. Würde man den verbliebenen Weizen und das wenige Gemüse den Winter über aufessen, so hätte man im Frühjahr kein Saatgut.

Um dem Hunger in diesem einen Winter zu entkommen, würde man den Hunger im nächsten Jahr heraufbeschwören, ja vielleicht den Untergang des ganzen Dorfes. Man mochte es drehen und wenden, wie man wollte, die Lage war hoffnungslos, denn wie sollte man ohne Nahrung den Winter überleben?

Mirtani horchte auf. Jetzt war es Saito, der sprach, und was er sagte, war endlich einmal etwas anderes: »Wir sind zwar Bauern. Wir sind es gewohnt, von unseren Vorräten zu leben, von dem, was wir selber anbauen und züchten. Aber wenn nun einmal diese Vorräte verloren sind, dann müssen wir eben umdenken! Ich bin jeden Tag mit der Herde im Wald. Schon manches Mal ist mir dabei ein Rudel Wildschweine oder Rehe begegnet. Warum sollen wir die nicht jagen können? Und Beeren und Pilze und essbare Wurzeln gibt es auch im Wald! Wenn die Waldmenschen davon leben können, warum sollen wir das nicht auch können?«

»Weil wir keine Waldmenschen sind, du Grünschnabel!«, fuhr ihm einer der älteren Männer über den Mund.

Efnidi sagte: »Unten am Fluss wächst Gänsefuß. Daraus hat Großmutter doch immer ein ganz gutes Gemüse gekocht. Und dieses Jahr tragen die Haselsträucher sehr viele Nüsse. Wir könnten Nüsse sammeln!«

»Da kannst du lange Nüsse knacken, wenn du davon eine Familie ernähren willst!«, sagte eine Nachbarin. Und der Vater erboste sich: »Seit wann führen bei uns die Jungen das Wort? So leicht, wie ihr euch das vorzustellen scheint, ist es nicht, sich aus dem Wald zu ernähren! Wozu wären wir sonst Bauern?«

Mutlos schwiegen die einen, verbittert die anderen.

Da sagte plötzlich einer der Männer: »Ich sehe das nicht ein. Diese räuberische Bande hat uns genommen, was uns gehört hat, was wir erarbeitet haben. Uns gehört unser Weizen und unsere Herde, nicht denen. Holen wir es uns also zurück!«

»Aber wie denn?«, riefen die anderen durcheinander.

»Mit Gewalt, wie denn sonst. Die Fremden haben damit angefangen. Sollen sie nun auch die Folgen tragen! Was sie können, das können wir schon lange! Nehmen wir unsere Äxte und fällen etwas anderes damit als Bäume! Zeigen wir ihnen, dass sie sich nicht ungestraft an unserem Besitz vergreifen können.«

Nun wurden die Stimmen immer lauter, immer aufgeregter. Die meisten stimmten diesem Vorschlag zu. Mirtanis Herz klopfte rasend. Sie sah wieder die Männer mit den Äxten und Stangen aus dem Wald hervorbrechen, aber nun waren es keine fremden Gesichter mehr, sondern die Gesichter ihres Vaters, ihres Bruders, ihres Schwagers. Sie hätte schreien mögen und war doch stumm.

Da plötzlich sagte Saitos Schwager und seine Stimme klang gepresst: »Es geht nicht, so begreift doch, dass es unmöglich ist! Wir können uns das, was uns gehört, nicht von denen zurückholen, die es uns geraubt haben. Es sind zu viele. Nach allem, was wir gehört haben, und nach dem, was die Frauen erzählt haben, waren es nicht nur die Männer eines einzigen Dorfes, die uns überfallen haben. Drei Dörfer flussabwärts sind bei dem großen Unwetter abgebrannt. In drei Dörfern haben die Leute alles verloren, was sie besessen hatten. Sie müssen sich zusammengetan haben, um uns zu überfallen. Es waren viele Männer und nur Männer im besten Alter. Wenn sie uns gemeinsam angegriffen haben, so werden sie sich auch gemeinsam gegen uns wehren. Wir kommen unmöglich gegen sie an. Es wäre Selbstmord.«

Schweigen war die Antwort.

Dann fuhr Saitos Schwager fort: »Aber in unserem Nachbardorf gibt es noch alles. Denen ist nichts genommen worden. Dort gibt es weniger Männer als hier. Holen wir uns dort, was wir brauchen!«

Mirtani schloss die Augen. Da war wieder das Bild, das sie verfolgte: Tante Emonis in ihrem Blut, mit gespaltenem Schädel. Aber dann war es nicht Tante Emonis, dann war es Mirtanis beste Freundin. »Das könnt ihr doch nicht tun! Das dürft ihr nicht!«, schrie sie verzweifelt.

»Halt den Mund! Du bist hier nicht gefragt!«, herrschte ihr Vater sie an.

Mirtani stand auf und lief zur Tür.

»Wo willst du hin?«, rief ihre Mutter hinter ihr her.

Mirtani blieb stehen. Sie wollte raus, nichts als raus. Aber das konnte sie nicht sagen. Da nahm sie ein leeres Wassergefäß und sagte: »Ich gehe nur zum Fluss, zum Wasserholen!«

*

Sie stand am Fluss und schaute in das Wasser. Der Regen rann an ihr herab und spülte ihre Tränen fort. Dort unten, ein Stück weiter südlich, gerade so weit weg, dass man sie nicht mehr sehen konnte, lag die Stelle, an der ihre Freundin von ihrem Dorf aus Wasser zu holen pflegte. Vielleicht stand sie jetzt auch am Fluss und füllte ihr Gefäß. Und sie ahnte nicht, welches Unglück ihr drohte.

Mirtani zuckte zusammen. War da nicht eben etwas gewesen? Sie drehte sich um. Und sie sah Dilgo.

Wenige Schritte von ihr entfernt stand er da, der Regen troff ihm aus den Haaren und von dem Fell, das er sich um die Schultern gelegt hatte. Groß war er geworden und ein bisschen fremd und doch so vertraut.

»Dilgo!«, rief Mirtani und rannte zu ihm. Sie fiel ihm um den Hals und vergrub ihr Gesicht an seiner Schulter. Das nasse Fell kitzelte sie an der Nase. »Dilgo, Dilgo, danke, dass du gekommen bist.«

Er sagte keinen Ton. Aber er hielt sie fest und drückte ihren Kopf an sich.

Sie hätte den ganzen Tag so stehen mögen. Aber sie musste sagen, was sie sich vorgenommen hatte, was sie in vielen Nächten zu sagen geübt hatte: »Dilgo, es tut mir so Leid, was ich damals alles zu dir gesagt habe. Kannst du es vergessen? Bitte!«

Er ließ sie los und schob sie ein Stück von sich. »Vergessen?«, fragte er mit viel tieferer und festerer Stimme als früher. »Wie soll ich vergessen können, was du gesagt hast? Jedes Wort ist ja wie mit Feuer in mich eingebrannt.«

Mirtani zitterte. »Dann kannst du mir also nicht verzeihen?«, fragte sie mutlos.

»Was sollte ich dir denn verzeihen, Mirtani? Dass du die Wahrheit gesagt hast? Es war ja die Wahrheit, und das weißt du genau. Nicht unsere Wahrheit, eure Wahrheit eben. Nur in einem hast du dich getäuscht: dass ich die Wölfe mehr lieben würde als dich. Das nicht, Mirtani.«

Da lächelte sie unter Tränen und sagte: »Und in etwas anderem habe ich mich noch viel mehr getäuscht: dass ich dich nicht mehr sehen will!«

Kapitel 10
Dilgo und Mirtani

Dilgo hielt Mirtani im Arm. Er hatte sein Fell über ihren und seinen Kopf gebreitet. Damit sie darunter vor dem Regen Schutz fanden, mussten sie sehr eng zusammenrücken. Lange saßen sie schon hier am Fluss und Mirtani hatte ihm alles erzählt, was geschehen war. Es hatte ihn nicht überrascht. Er war ja gekommen, weil er gewusst hatte, was vorgefallen war, weil er die vom Feuer betroffenen Bauern auf dem Rückweg von ihrem Raubzug im Wald beobachtet hatte und vor Angst um Mirtani beinahe wahnsinnig geworden war. Gegen diese Angst hatte auch der Stolz nicht mehr gezählt. Er hatte wenigstens wissen wollen, ob sie noch lebte, ob ihr nichts zugestoßen war.

Eigentlich hatte er sich ihr gar nicht zeigen wollen. Erst als er gemerkt hatte, dass sie am Fluss weinte, hatte es ihn in seinem Versteck nicht mehr gehalten. Und nun saß er mit ihr hier und hörte sich ihre Geschichte an, so selbstverständlich, als hätten sie sich nie getrennt.

»Sie dürfen es nicht tun!«, sagte Mirtani gerade leidenschaftlich. »Sie dürfen nicht unser Nachbardorf überfallen. Aber sie glauben nicht an Saitos Vorschlag den Winter über vom Wald leben zu können.« Und dann fragte sie nach einer Pause: »Glaubst denn du, Dilgo, dass wir das könnten?«

»Ich weiß nicht, ob ihr das könnt. Ich weiß nur, dass es möglich ist. Allein der Fluss ist ja schon eine unerschöpfliche Nahrungsquelle. Man muss sie nur zu nutzen wissen.«

Nachdenklich schaute er auf den Großen Fluss hinaus. Er sprach nicht aus, was ihm durch den Kopf ging: Ich könnte euch ja dabei helfen.

Dilgo dachte daran, wie er von Mirtanis Familie empfangen worden war, als er den Rehbock gebracht hatte. Damals hatte er sich geschworen niemals wieder ihr Dorf zu betreten. Doch galt das jetzt noch? Wenn er es nicht tat, war er dann nicht mit schuld daran, wenn sie hungerten oder in ihrer Verzweiflung ihre Nachbarn überfielen? So oder so würde Mirtani leiden. Und er wollte nicht, dass Mirtani litt. Sie sollte nicht mehr weinen, sie sollte wieder lachen.

»Mirtani?«, fragte er leise. »Würdest du denn mit mir in unser Winterlager kommen? Dort würdest du keine Not haben, das verspreche ich dir.«

Mirtani drängte sich noch dichter an ihn. »Das weiß ich, Dilgo. Aber ich glaube, ich kann nicht. Nicht jetzt, wo meine Familie und unser ganzes Dorf in solchen Schwierigkeiten sind. Ich käme mir schlecht vor, wenn ich sie jetzt im Stich ließe. Kannst du das verstehen?«

»Ja. Das kann ich verstehen.«

Also muss ich allen helfen, wenn ich ihr helfen will, dachte er. Will ich das? Obwohl sie so hochnäsig sind? Aber jetzt könnte ich ihnen allen zeigen, dass wir nicht so dumm sind, wie sie glauben! Ich könnte es ihnen beweisen. Wenn sie merken, dass sie mich brauchen, wird ihr Hochmut vergehen. Sie haben vieles, was ich nicht habe, und können vieles, was ich nicht kann. Aber sie sollen lernen, dass es auch Dinge gibt, die ich kann und sie nicht! Nie wieder sollen sie über mich lachen!

Soll ich also? Ich könnte ihre Geheimnisse erfahren. Sie müssen vieles wissen, sonst könnten sie nicht die Erde nach ihrem Willen zwingen. Warum soll ich nicht lernen, was sie können? Es kann doch nichts Schlechtes daran sein, lernen zu wollen. Ihre unsinnigen Sitten und die Zerstörung des Waldes brauche ich ja nicht mitzumachen! Und schließlich: Es ist für Mirtani!

Laut fügte er hinzu: »Wenn ihr wollt, dann kann ich den Herbst und Winter über bei euch bleiben und euch dabei helfen, Nahrung zu finden. Es wird nicht ganz einfach sein. Und es wäre besser, wenn ich nicht allein wäre, wenn Talgor und sein Mädchen noch dabei wären. Talgor ist ein viel besserer Jäger als ich und sein Mädchen weiß schon alles, was eine Frau können muss. Unsere Frauen sammeln nicht einfach die Pflanzen, die sie finden, sie wissen, wo sie suchen müssen. Das kann ich nicht so gut. Aber zur Not schaffe ich es auch allein. Ich helfe euch über den Winter zu kommen. Aber nur, wenn alle das wirklich wollen!«

Mirtani umarmte ihn und rief: »Willst du das tun? Oh Dilgo, willst du das wirklich tun?« Und dann küsste sie ihn. Zum ersten Mal küsste sie ihn und bei diesem Kuss vergaß er, wie bang ihm bei seinem Hilfsangebot geworden war.

Mirtani löste sich aus der Umarmung. »Jetzt gehe ich nach Hause und rede mit ihnen!«, erklärte sie. »Ich sage ihnen, dass du bereit bist uns zu helfen. Und dass wir es mit dir gemeinsam schaffen werden. Aber dass sie dich darum bitten müssen, wirklich bitten!«

*

Mirtani stand an einen der Hauspfosten gelehnt und hörte zu. Noch immer ging das Gespräch hin und her und es wurde immer erregter. Die Standpunkte hatten sich verhärtet: Die einen beharrten auf ihrem Vorschlag sich bis zum nächsten Jahr vom Wald zu ernähren, die anderen hielten das für völlig unmöglich und planten schon die Einzelheiten des Überfalls auf die Nachbarn.

Mirtani kaute auf ihren Fingern herum. Wie sollte sie sich bloß Gehör verschaffen? Schließlich gab sie sich einen Ruck, ging zu ihrem Vater, legte ihm die Hand auf die Schulter und fragte: »Darf ich auch mal was sagen?«

Der ergriff ihre Hand und drückte sie. »Warum nicht!«, erwiderte er müde. »Wenn du was zu sagen hast.«

Mirtani versuchte ihrer Stimme einen festen Klang zu geben. »Ich weiß, wer uns helfen kann. Und er wird uns helfen, wenn ihr ihn drum bittet. Es wird alles gut. Wir brauchen weder zu hungern noch anderen etwas wegzunehmen.«

Efnidis Mann lachte spöttisch: »Du hast wohl Fliegenpilz gekaut, Mirtani, dass du die Zukunft in so rosigem Licht siehst!«

»Lass sie ausreden!«, forderte der Vater. »Wer soll uns helfen können?«

»Dilgo!«

»Dilgo?«, fragte die Mutter. »Weißt du denn, wo er ist?«

»Ja. Er ist am Großen Fluss. Ich bin ihm vorhin dort begegnet. Und er ist bereit uns zu helfen. Wenn ihr es wollt.«

Saito sprang auf. »Dilgo!«, rief er aus. »Das ist die Rettung. Diese Waldmenschen verstehen mehr von der Jagd, als wir uns träumen lassen. Nicht wahr, das hast du doch immer gesagt?«, wandte er sich an seinen Schwager.

Der nickte: »Schon. Aber so recht behagt mir der Gedanke nicht.«

»Weshalb nicht?«, fiel Efnidi ein. »Die Waldmenschen sind es gewohnt, ohne Weizen und ohne Tierherden zu leben. Auch wenn sie schlecht leben: Offensichtlich leben sie. Und Dilgo weiß, wie das geht. Ich finde es großartig von ihm, wenn er uns hilft.«

»Was will er dafür?«, erkundigte sich der Vater.

»Nichts. Dilgo ist nicht so, dass er für alles eine Gegenleistung will.«

»Pah! Und dann nistet er sich hier bei uns ein und es wird nicht lange dauern und seine ganze Sippe kommt nach und wir werden sie nicht mehr los!«, ereiferte sich Efnidis Mann.

»Und überhaupt: Mir passt es nicht, einen von denen um Hilfe zu bitten. Schlimm genug, dass meine eigene Schwester mit so einem durch den Wald gezogen ist!«, meinte Sandor.

»Was haltet ihr euch mit diesem kindischen Vorschlag auf!«, rief laut einer der anderen Männer. »Planen wir lieber den Überfall. Da wissen wir, was wir haben.«

Mirtani wurde es heiß. Verzweiflung stieg in ihr auf. Wenn sie nur wüsste, wie sie die anderen überzeugen könnte! Sie machte einen neuen Vorschlag: »Dilgo sagt, schon allein der Fluss kann uns ernähren. Er ist voller Fische und Dilgo weiß, wie man sie fängt.«

»Fisch? Ich esse doch keinen Fisch!«, entrüstete sich ihr Schwager.

Da schrie Mirtani ihn an: »Nein? Schmeckt dir der Fisch zu sehr nach Fisch? Willst du lieber unser Saatgut und unsere trächtigen Kühe essen? Oder das Saatgut und die trächtigen Kühe unserer Nachbarn? Damit die verhungern?«

»Was fällt dir ein so mit mir zu reden!«, schrie ihr Schwager. »Dir muss ich wohl Anstand beibringen!«

Da stand die Mutter auf, die bisher schweigend am Feuer gesessen hatte, und erklärte mit einer Bestimmtheit, die an ihr ganz ungewohnt war: »Mirtani hat Recht. Das Elend ist groß genug. Machen wir es nicht noch größer. Zwei Tote reichen mir! Wollt ihr, dass es noch mehr werden? Wenn ihr Männer den Verstand verliert, dann müssen wir Frauen ihn behalten. Begraben wir unseren Stolz und behalten dafür unser Leben und unsere Anständigkeit. Wenn ihr es nicht tut, so werde ich es tun. Ich gehe zu Dilgo und bitte ihn um seine Hilfe!«

*

»Aber wenn ich es nicht tue, dann hungern sie und vielleicht sterben sie oder sie überfallen ihre Nachbarn und rauben diese aus! Das kann ich doch nicht geschehen lassen!«, sagte Dilgo erregt.

Er hatte gewusst, dass es schwer werden würde, aber ganz so schwer hatte er es sich doch nicht vorgestellt. Den ganzen Abend, seit er aus Mirtanis Dorf zurückgekehrt war, um Abschied zu nehmen, kämpfte er nun schon bei seiner Familie und den Leuten seiner Gruppe um Verständnis für das, was er vorhatte. Es war ein aussichtsloser Kampf.

»Was heißt hier, du kannst es nicht geschehen lassen!«, ereiferte sich Labon. »Bist denn du es, der andere überfällt? Was hat das mit dir zu tun? Seit langem leben wir und unsere Vorfahren in Ruhe mit unseren Nachbarn. Sicher, manchmal gab es Streit und böse Worte, auch Handgreiflichkeiten. Doch wer hat je erlebt, dass einer den anderen überfallen hätte? Wer hat je erlebt, dass einer dem anderen etwas wegnahm?«

»Natürlich nicht!«, sagte Dilgo aufgebracht. Langsam verließ ihn die Kraft. »Wir haben ja auch nichts, was wir uns gegenseitig wegnehmen können! Unsere Hütten vielleicht? Die sind schnell aufgebaut! Unsere Pfeile und Messer? Die macht sich jeder selbst. Den Wald? Die Tiere? Die nahrhaften Pflanzen? Die sind für alle da!«

»Eben!«, stimmte der Großvater zu. »Unser einziger wertvoller Besitz ist unser Wissen. Das kann uns keiner nehmen und so soll es bleiben!«

»Unser Wissen?«, fragte Dilgo bitter. Das war er ja genau, der schmerzende Punkt. »Was wissen wir denn? Was wir wissen, das haben wir von unseren Vorvätern und die wieder von ihren Vorvätern. Uraltes Wissen ist es und ich habe immer geglaubt, das ist gut so und muss so sein. Aber jetzt ist nicht mehr früher! Die Bauern, die haben ein neues Wissen und davor kann man doch nicht einfach die Augen verschließen und so tun, als wäre es nicht da!«

»Manchmal ist es besser, die Augen zu verschließen. Schau einen ganzen Tag in die Sonne und du bist blind!«, erwiderte der Großvater.

»Blind wie die Bauern«, fiel der Vater ein. »Die müssen ja unbedingt Besitz anhäufen. Die sind ja nicht zufrieden, wenn sie nicht sagen können: Das ist mein. Und dann wollen sie mehr haben und immer mehr. Und weil sie verlernt haben sich von dem zu ernähren, was man jeden Tag neu finden und erbeuten kann, müssen sie Vorräte anlegen und immer mehr Vorräte. Und wenn sie keine Vorräte haben, dann bekommen sie Angst. Und wenn sie sehen, dass ein anderer mehr hat, dann packt sie der Neid. Und wenn durch ein Unglück wie den Waldbrand die Vorräte vernichtet sind, dann fällt ihnen nichts Besseres ein als sich an denen ihrer Nachbarn zu vergreifen. Und sie schlagen sich noch tot dabei. Siehst du denn nicht, wo das alles hinführt, Dilgo, kannst du es denn nicht sehen?«

»Aber gerade darum will ich ihnen ja helfen! Begreift mich doch endlich! Aber es wäre besser, wenn wir ein paar mehr wären. Talgor zum Beispiel und sein Mädchen.«

»Ich werde mich hüten! Und mein Mädchen bleibt hier!«, antwortete Talgor bestimmt.

»Du kannst ja dein Mädchen, deine Mirtani, zu uns bringen, Dilgo, wenn du unbedingt mit ihr zusammen sein willst. Hoffen wir, dass sie sich hier einfügt!«, sagte die Mutter.

»Aber es geht ja gar nicht nur um Mirtani und sie kommt nicht mit mir, wenn ihre Familie Not leidet, versteht ihr das denn nicht? Ich kann doch diesem Unglück nicht zusehen! Bei diesen Leuten, die so vieles wissen, wovon wir noch keine Ahnung haben.«

Dilgo schwieg erschöpft. Auch die anderen sagten nichts mehr. Laut war das Knacken der Äste im Feuer zu hören.

Da erklärte der Großvater mit müder Stimme: »Lasst ihn gehen. Ihr könnt ihn nicht aufhalten. Nichts könnt ihr aufhalten, nichts. Euren Sohn nicht und die Zeit nicht. Die Sonne bleibt nicht stehen.«

*

Dilgo stand am Waldrand und blickte auf das Dorf. Hinter ihm war der Wald, das Vertraute, vor ihm das Dorf, das Fremde. Sein Mund war trocken. Die Beine wollten einfach nicht weiter.

Da sah er Mirtani um eine Hausecke kommen. Sie erblickte ihn und winkte ihm zu. Dann lief sie ihm mit wehenden Haaren entgegen. Er wartete, bis sie ganz nahe herangekommen war, dann breitete er die Arme aus.

»Jetzt trennen wir uns nie wieder, nicht wahr, Dilgo?«, flüsterte Mirtani dicht an seinem Ohr.

»Nie wieder!«, bestätigte er.

Mit Mirtani an der Hand konnte er viel leichter in das Dorf gehen!

Er stand vor dem großen Haus und blickte zu dem hohen Giebel empor. Nun musste er zum ersten Mal durch eine Tür treten, sich unter eines dieser Dächer begeben, von denen er sich nicht vorstellen konnte, wie sie dort oben festhielten.

Er schaute sich in dem Raum um, sah die vielen starken

Pfosten, den großen freien Platz, den über die halbe Fläche eingezogenen Zwischenboden, die fremden Gerätschaften, die Menschen, die er kaum kannte.

Da kam Mirtanis Mutter auf ihn zu und gab ihm die Hand. Der Vater bedeutete ihm am Feuer Platz zu nehmen.

Schweigend rückte Efnidis Mann ein Stück von ihm ab. Efnidi brachte Brot und saure Milch in einem Becher und reichte es Dilgo.

»Es ist gut, dass du gekommen bist, Dilgo! Danke!«, sagte die Mutter.

»Ja, das wollte ich auch sagen!«, bestätigte der Vater.

»Womit fangen wir an!«, fragte Saito.

»Mit der Wildschweinjagd!«, antwortete Dilgo. »Ich habe vorhin im Wald eine frische Fährte von fünf Bachen gesehen.«

Eigentlich war es ganz leicht.

*

Endris stand am Fluss und schaute in die Wellen. Dann wandte sie sich zu ihrem Großvater, der am Ufer saß und eine Angel im Wasser hielt.

»Großvater, habt ihr Dilgo denn gesagt, wo wir unser Winterlager aufschlagen werden und wo unser neues Sommerlager?«

»Ja, das haben wir.«

»Wenn der Winter vorbei ist, dann kommt er doch zu uns zurück? Bestimmt, nicht wahr?«

Der Großvater löste seinen Blick vom Wasser und sah Endris an: »Ach, Endris, im Herbst fallen die Blätter von den Bäumen und im Frühjahr treiben die Knospen: Das ist bestimmt. Aber dass Dilgo zu uns zurückkommt? Ich weiß es nicht. Wenn du in einem reißenden Fluss schwimmst und von der Strömung erfasst wirst, dann wirst du mitgenommen, ob du willst oder nicht. Du kannst nicht gegen die Strömung schwimmen.

Es ist nicht nur die Liebe zu diesem Mädchen. Es ist mehr. Es ist der Glaube an die Zukunft, an eine Zukunft, die nicht die unsere ist. Dilgo hat seinen Weg gefunden, er weiß es nur selbst noch nicht.

Nein, Endris, ich glaube nicht, dass er zurückkommt. Aber viele werden ihm folgen, vielleicht auch du. Die Strömung wird immer stärker. Wir aber, wir werden immer weniger.«

Und mit brennenden Augen blickte der alte Mann in die untergehende Sonne.

Phantasie oder Realität?

Dilgo und Mirtani haben dich in eine Welt geführt, die sich von der unsrigen grundlegend unterscheidet: keine Städte, keine Betonsilos, keine Supermärkte, keine Tiefkühlkost, keine Fernseher, keine Disko usw. Natürlich weißt du, dass man zu anderen Zeiten anders gelebt hat, so wie man heute in anderen Ländern eben anders lebt als bei uns. Haben dich Dilgo und Mirtani in eine Phantasiewelt geführt? Ist es eine Welt, die nur in unseren Köpfen existiert? Steckt in der Erzählung nur so viel Wahres wie in vielen Kino- oder Fernsehfilmen?

Beide Kinder sind Phantasiegestalten und auch die Erzählung ist frei erfunden. Aber es ist nicht völlig ausgeschlossen, dass sich eine solche Geschichte vor vielen, vielen Generationen tatsächlich einmal zugetragen hat. Die vielen Einzelheiten, die du beim Lesen des Buches über jene Zeit erfahren hast, sind keine Phantasien, sie beruhen auf den Forschungsergebnissen der Archäologie, die versucht durch Ausgrabungen Reste aus vergangenen Zeiten wieder ans Tageslicht zu bringen.

Die Archäologen fördern Gegenstände zu Tage, die ihnen vieles über die Menschen und das Leben in vergangenen Zeiten erzählen können. Und es ist schon eine erstaunliche Menge, was sie beispielsweise über die in diesem Buch behandelte Zeitepoche, den letzten Abschnitt der Steinzeit (der Fachmann verwendet hierfür den Begriff Neolithikum), in

Erfahrung gebracht haben – auch wenn sie über manche Einzelheiten verschiedener Meinung sind und heftige Diskussionen führen.

Natürlich ist es im Rahmen einer Erzählung nicht möglich, alle Aspekte des früheren Lebens zu berücksichtigen, doch haben wir versucht zumindest die wichtigsten Merkmale jener Zeit herauszustellen: Wie hat man sich das Klima vorzustellen, wie die Landschaft, wie sahen die Siedlungen aus, wie die Wohnungen, wie waren die Menschen gekleidet, wovon haben sie sich ernährt, welche Werkzeuge und Gerätschaften kannten sie, wie haben sie diese Dinge hergestellt, wie hielten sie es mit der Religion?

*

Die in diesem Buch erzählte Geschichte spielt vor etwa 7 000 Jahren im bayerischen Donautal, genauer gesagt in der Nähe von Kelheim, dort, wo die Altmühl – du erinnerst dich an den Fluss der Waldmenschen – in die Donau – den Großen Strom bei Mirtanis Dorf – fließt. Eine genauere Vorstellung vermittelt dir sicherlich die beigefügte Kartenskizze.

Diese so weit zurückliegende Zeitepoche ist von uns bewusst gewählt worden, denn damals haben sich ganz entscheidende Veränderungen im Leben unserer Vorfahren ereignet. Es ist die Zeit, in der die Menschen in Mitteleuropa dazu übergingen, mit Ackerbau und Viehzucht ihren Lebensunterhalt zu bestreiten. Beides war natürlich keine plötzliche Eingebung und erst recht keine »Erfindung« in unserem Raum – auch wenn der eine oder andere bei uns dies heute lieber anders sehen möchte!

Es hat tausende von Jahren gebraucht, ehe sich diese Möglichkeit der Nahrungsbeschaffung im Vorderen Orient durchgesetzt hatte und dann allmählich über den Balkan nach Mitteleuropa vermittelt worden war. In unserer Zeit, in der wir durch verschiedenste Kommunikationssysteme mit der ganzen Welt auf das Engste verbunden sind, kann man sich eine solche langsame Ausbreitung einer revolutionierenden Idee kaum vorstellen. In den Augen der frühen Hochkulturen des Vorderen Orients müssen wir jedenfalls noch über Jahrhunderte hinweg den Status eines Entwicklungslandes gehabt haben – wenn sie uns überhaupt eines Blickes für würdig erachtet haben.

Wie das Aufkommen von Ackerbau und Viehzucht im mittleren Europa zu erklären ist, darüber gehen die Meinungen der Archäologen noch immer weit auseinander. Die einen halten es für möglich, dass Menschengruppen aus dem Balkanraum eingewandert sind und die Kenntnisse mitgebracht haben; andere halten die Übernahme der neuen Lebensform durch eine einheimische Bevölkerung für die plausiblere Erklärung: also keine Wanderung von Menschen, sondern die Ausbreitung einer Idee.

Wir haben uns an dieser Diskussion nicht beteiligt, sondern die Geschichte zwei oder drei Generationen später beginnen lassen; zu einem Zeitpunkt, zu dem die alten und die neuen Lebensformen noch nebeneinander existiert haben mögen. So wird denn auch verständlich, dass Dilgo und Mirtani keine Schwierigkeiten hatten miteinander zu sprechen, auch wenn du dir sicherlich einen unterschiedlichen Sprachschatz, eventuell sogar verschiedene Dialekte, vorstellen musst.

*

Du wirst dich vielleicht fragen, warum man gerade vor etwa 7 000 Jahren zu dieser neuen Lebensweise übergegangen ist. Ein entscheidender Faktor, der übrigens auch schon Jahrtausende vorher im Vorderen Orient eine wichtige Rolle gespielt hat, war das Klima. Vor etwa 10 000 Jahren begann es sich bei uns grundlegend zu verändern: Damals erfolgte der Übergang von der letzten Kaltzeit zu der Warmzeit, in der wir auch heute noch leben. Der Wechsel erfolgte recht schnell, dies heißt im Verlaufe von etwa 2 000 (!) Jahren – unsere Vorfahren werden die Klimaänderung also gar nicht bewusst zur Kenntnis genommen haben.

Am Anfang gab es ähnlich warme Sommer, wie wir sie heute noch erleben, doch waren die Winter erheblich strenger: Alles in allem war das Klima sehr viel trockener als heute. Vor etwa 6 000 bis 8 000 Jahren und somit auch in der Zeit, in der unsere Erzählung spielt, war es dann besonders warm. Die Jahrestemperaturen lagen im Durchschnitt etwa ein bis drei Grad höher als bei uns; lange, heiße Sommer und milde Winter haben die Jahreszeiten gekennzeichnet und vor allem die hohen Niederschläge, die etwa 10 % über den heutigen Werten lagen. Sie haben sich vor allem auf die Wintermonate konzentriert – verstehst du jetzt, warum sich Dilgo so sehr über das Ende der »regnerischen Zeit« gefreut hat?

*

Es ist klar, dass das Klima Pflanzen- und Tierwelt prägt. So musst du dir die Landschaft vor etwa 10 000 Jahren noch als Tundra vorstellen, gekennzeichnet durch Flechten, Moose, niedrige Sträucher und vereinzelte Birken- und Kiefernwälder. Mit der zunehmenden Erwärmung des Klimas ging eine Vermehrung des Baumbestandes einher. Die von uns betrachtete Zeit ist dann charakterisiert durch den Eichenmischwald. In ihm sind neben der dominierenden Eiche auch noch Ulme, Linde, Esche, Ahorn, Erle und Hasel vorhanden; je nach Bodenuntergrund sind die einen oder anderen Baumarten etwas stärker vertreten und prägen so das Landschaftsbild. Aber dies ist dir ja aus unseren Wäldern auch bekannt.

Du weißt, dass Ulme und Linde eine recht dichte Laubkrone besitzen, sodass nur wenig Unterholz gedeihen kann; Eichen haben hingegen eine viel offenere Krone und bieten so einen idealen Standort für Unterholz. Eichenwälder sind deshalb auch undurchdringlicher als jene, in denen Ulme und Linde die dominierende Rolle spielen. Im Übrigen musst du dir natürlich eine sehr viel geschlossenere Waldlandschaft vorstellen als heute, wenn auch Lichtungen und offene Landstriche nicht völlig gefehlt haben werden.

In den Wäldern haben Hirsche, Rehe und Wildschweine gelebt, aber auch Bären, Auerochsen und Wölfe und natürlich die meisten Tierarten, die wir auch heute noch (gelegentlich) in vergleichbaren Wäldern beobachten können.

*

Mit Sicherheit hat man in jener Zeit immer ganz genau überlegt, wo man sein Lager aufschlug oder wo man eine dörfliche Siedlung anlegte. Dies gilt nicht nur für Dilgo und seine Angehörigen, sondern in einem besonderen Maße für die Bauern. Ein ganz entscheidender Faktor bei der Wahl des Standortes war für sie das Vorhandensein von Lössboden. Löss, das ist jener feine gelbliche und rötliche Gesteinsstaub, der in vorausgegangenen Jahrtausenden aus eiszeitlichen Schotterflächen vom Wind fortgeblasen und an anderen Stellen abgelagert worden ist. Die Bauern suchten den Lössboden auf, weil er besonders fruchtbar war und deshalb die ideale Grundlage für den Anbau von Getreide bot – daran hat sich bis heute nichts geändert.

*

Über Größe und Struktur der Siedlungen hat man natürlich auch bereits zahlreiche Aufschlüsse gewinnen können. Die Zahl der Bewohner eines Lagers, in dem Dilgo und seine Angehörigen lebten, lässt sich auf etwa 25–30 Menschen schätzen, das dürften etwa vier bis fünf Familien sein. Möglicherweise ist die Größe einer solchen Gemeinschaft jahreszeitlichen Schwankungen unterworfen gewesen: Bei schwieriger Versorgungslage, d.h. im Winter, könnte sie etwas kleiner gewesen sein (vielleicht etwa 15–30 Menschen), bei günstigeren Bedingungen, d. h. im Sommer, etwas größer (vielleicht 50–100 Menschen).

Derartige Veränderungen haben die Bauerndörfer nicht gekannt, wenn auch die Zahl der Einwohner kaum höher anzusetzen ist. Für Mirtanis Dorf wird man deshalb auch nicht mehr als 50 Menschen veranschlagen dürfen, hiervon werden mehr als die Hälfte Kinder gewesen sein.

Das auffallendste Merkmal eines solchen Bauerndorfes waren ganz ohne Zweifel die riesigen rechteckigen Häuser, die nicht selten um die 30 Meter lang und um die sechs Meter breit waren und dabei eine Giebelhöhe von fünf Metern besitzen konnten. Du brauchst noch nicht einmal einen Taschenrechner, um dir klarzumachen, dass ein solches Haus die Ausdehnung eurer Wohnung ganz schön übertroffen haben wird.

Das Grundgerüst dieser Häuser bestand aus mächtigen Pfosten, die tief in den Boden eingegraben worden sind – wie man dies in dem zähen Lössboden geschafft hat, weiß man bis heute nicht so recht. Die Baumstämme haben sich natürlich im Boden nicht bis heute erhalten, doch lassen sich ihre Spuren bei den Ausgrabungen leicht erkennen: Es ist die dunkel gefärbte Erde der ehemaligen Pfostenlöcher, die sich scharf gegenüber dem hellen Lössboden abgrenzen lässt.

Die Größe und Tiefe dieser Pfostenlöcher erlaubt gewisse Rückschlüsse auf die Mächtigkeit der Bäume. So wird für die mittlere Pfostenreihe ein Stammdurchmesser von etwa 40 cm nicht ungewöhnlich gewesen sein. Bei der angenommenen Giebelhöhe von etwa vier bis fünf Metern lässt sich somit für jeden dieser Baumstämme ein Gewicht von weit über 600 Kilogramm errechnen. Allein diese Zahl wird dir vor Augen führen, dass der Bau eines solchen Hauses nicht Angelegenheit einer Familie gewesen sein kann; zumindest die erwachsene Bevölkerung eines ganzen Dorfes dürfte daran beteiligt gewesen sein, vielleicht sogar Angehörige von einem Nachbardorf. Dies unterstreichen auch noch einige weitere Zahlen über das Baumaterial: Neben den 40–60 Baumstämmen für das Gerippe des Hauses, die natürlich ohne Motorsägen gefällt und von Ästen befreit werden mussten, benötigte man weitere für die Konstruktion des Daches und vor allem eine Unmenge von Ästen für die Flechtwerkwände. Bei einem Haus der oben genannten Größe werden da gut und gerne 10 000 Äste von jeweils etwa ein bis 1,5 Meter Länge zusammengekommen sein.

Solche reinen Flechtwerkwände boten natürlich gegen die Witterung keinen ausreichenden Schutz und so hat man sie mit Lehm verkleidet. Schwierigkeiten bei der Beschaffung dieses Materials wird man nicht gekannt haben, denn man siedelte ja im Bereich von Lössboden. So hat man unmittelbar neben den Häusern riesige Gruben ausgehoben und den benötigten Lehm gewonnen; durch Vermischung mit Wasser und Stroh wurde dann jene zähe, schmierige Masse geschaffen, die man zum Verputzen des Flechtwerkes verwenden konnte: 15–20 Tonnen Lehm, zwei Zentner Stroh und tausende von Litern Wasser dürften für ein einziges Haus notwendig gewesen sein.

Vielleicht noch ein Wort zum Dach, das man sich wohl als Satteldach vorzustellen hat, eine Konstruktion also, die auch heute noch bei der Mehrzahl der Ein- oder Zweifamilienhäuser üblich ist. Statt Dachziegel wird man vornehmlich Stroh verwendet haben, das man auf einer Unterlage aus Baumrinde und Zweigen befestigte. Auch hier ist leicht einsehbar, dass man sehr viel Material benötigt hat, um ein solches Haus auch nur einigermaßen dicht zu bekommen. Natürlich gibt es viele Überlegungen, die sich mit der Dauer des Hausbaues auseinander gesetzt haben. Trotz aller Unwägbarkeiten ist man sich generell darüber einig, dass ein solches Gebäude in vergleichsweise kurzer Zeit errichtet werden konnte: Ein gutes Dutzend erwachsener Menschen werden wohl nicht mehr als ein bis zwei Monate für ein bezugsfertiges Haus gebraucht haben – ist das nicht ein Rekordtempo verglichen mit unserer Zeit? Die Lebensdauer eines solchen Hauses ist allerdings sehr begrenzt gewesen, man schätzt sie auf maximal 30 Jahre. Dies entspräche einer Generation, wenn man davon ausgeht, dass jeder mit der Gründung einer Familie auch sein »eigenes« Haus bezogen hat.

Das Leben in solchen Häusern war natürlich vergleichsweise ungemütlich, vor allem im Winter. Die Wände haben kaum wärmeisolierend gewirkt, überall gab es Ritzen und Spalten, durch die die Feuchtigkeit und Kälte nach innen dringen konnten. Vor allem eines darfst du nicht vergessen, dass es etwas nicht gab, was für uns heute sehr wichtig ist: Die Häuser hatten keine Zimmer; Mirtani konnte sich nie in ihre »eigenen vier Wände« zurückziehen. Andererseits hat sicherlich nicht die riesige Fläche eines solchen Hauses nur Wohnzwecken gedient; eher ist vorstellbar, dass sich Nahrungszubereitung, Essen und Schlafen auf einen Teil des Hauses konzentriert haben, während ein anderer vielleicht vornehmlich zur Lage-

rung von Vorräten diente. Die früher vielfach vertretene An-
sicht, dass sich auch Tierställe in den Häusern befunden
haben können, wird heute von den meisten Fachleuten abge-
lehnt.

Kannst du dir nun Dilgos Überraschung vorstellen, als er
diese riesigen »Gebäude« sah, die sich so sehr von den vergleichsweise kleinen zeltartigen Hütten unterschieden, in denen er und seine Angehörigen lebten? Schnell aufbaubare
Hütten, bestehend aus einem einfachen Stangengerüst, das
mit Reisig, Schilf oder Fellen gedeckt war.

*

Über das Aussehen der Menschen lassen sich gewisse Aufschlüsse gewinnen, wenn man die Friedhöfe betrachtet. Die
Anthropologen, die die Skelettreste in den Gräbern untersucht
haben, versichern, dass Mirtani, Efnidi oder Sandor nicht
auffallen würden, wenn sie uns, in moderne Kleidungsstücke
gesteckt und nach unseren Vorstellungen frisiert, auf der
Straße begegnen würden. Dass sie durchschnittlich etwas
kleiner waren als wir, Männer zwischen 165–170 cm und
Frauen zwischen 155–160 cm, würde nur im Rahmen einer
Reihenuntersuchung erkannt werden können.

Die Lebenserwartung jener Menschen hat sich allerdings
erheblich von der unsrigen unterschieden. So rechnet man für
die Männer mit einer Lebensdauer von etwa 36 Jahren und für
die Frauen von ca. 28 Jahren. Der niedrige Wert für sie steht
in Zusammenhang mit der hohen Sterblichkeit bei Schwan-
gerschaft und Geburt. Die auffällig geringe Lebenserwartung
ist nicht zuletzt in Verbindung mit der extrem hohen Kinder-
sterblichkeit zu sehen, denn schätzungsweise 50 % der Neu-
geborenen werden bald gestorben sein. Dies bedeutet anderer-

seits natürlich, dass selbstverständlich auch Menschen von 50, 60 oder mehr Jahren zum normalen Erscheinungsbild eines solchen Dorfes gehört haben werden.

In jener Zeit wird man sehr viel häufiger und in sehr viel jüngeren Jahren mit dem Tod konfrontiert worden sein als wir heute. – Vielleicht verstehst du Mirtanis Sorge um das Wohlergehen ihrer Halbschwester Efnidi nun ein wenig besser.

Was für die Bauern gilt, lässt sich wahrscheinlich auch auf Dilgo und seine Leute übertragen. Allerdings kann man dies nur unter gewissen Vorbehalten sagen, denn es wurden kaum Skelettreste dieser Menschen gefunden, die ihre Toten offensichtlich nicht in der gleichen Weise beerdigt haben wie die Bauern.

*

Ist dir aufgefallen, dass wir über die Kleidung in jener Zeit nur sehr wenig geschrieben haben? Wir kennen sie nicht, weil diese organischen Materialien vollkommen vergangen sind. Man kann allerdings vermuten, dass es zwischen der Kleidung von Dilgo und der von Mirtani große Unterschiede gegeben haben wird, und dies nicht etwa, weil es sich um einen Jungen und ein Mädchen handelt.

Bei Dilgo und seinen Leuten werden Tierhäute und -felle die dominierende Rolle gespielt haben, während die Familie von Mirtani bereits die Verarbeitung von pflanzlichen Produkten zu Textilien gekannt haben dürfte.

Völlig schmucklos werden beide nicht durch ihr Leben gegangen sein, denn auf den Lagerplätzen, in den Siedlungen und vor allem in den Gräbern hat man beispielsweise durchbohrte Zähne und Muscheln gefunden, die als Ketten getragen worden sind. Einige Frauen und Männer werden gelegentlich auch Armringe getragen haben, die aus Spondylus-Muscheln hergestellt worden sind. Diese Muscheln stammen übrigens aus dem Mittelmeerraum und haben folglich bereits einen weiten Weg zurückgelegt, bevor sie in die Hände der Bauern gelangt sind.

Ein besonders bemerkenswertes Fundstück, das du bei dem Begräbnis der Tante Emonis kennen gelernt hast, ist ein kleiner Knochenkamm, der tatsächlich bei Ausgrabungen gefunden worden ist. Ob man ihn seinerzeit allerdings zum Kämmen der Haare verwendet hat oder ob mit seiner Hilfe vielleicht eine kunstvolle Frisur zusammengehalten worden ist, lässt sich heute nicht mehr entscheiden.

*

Die Frage der Ernährung hat im Leben unserer Vorfahren sicherlich eine sehr viel größere Rolle gespielt, als wir Menschen des Supermarkt-Zeitalters uns dies vorstellen. Dilgo und seine Leute lebten von dem, was die Natur ihnen bot, weshalb sie als »Jäger und Sammler« oder als »Wildbeuter« bezeichnet werden. Wenn man von der Natur lebt, muss man sich ihren saisonalen Schwankungen anpassen; dies ist beispielsweise durch ständige Verlagerung des Lagerplatzes möglich. Wenn diese Art zu leben in unseren Augen völlig unvorstellbar ist, so bedeutet dies nicht, dass auch unsere Vorfahren sie als negativ empfunden haben müssen.

Man schätzt, dass die Jäger und Sammler in jener Zeit etwa 40–50 % ihrer Nahrung durch Sammlertätigkeit gedeckt haben: Wildobst, Nüsse, Eier, Muscheln usw.; besonders im Spätsommer wird diese Art der Ernährung eine wichtige Rolle gespielt haben. Man darf sich vorstellen, dass auch sie zur Überbrückung von Nahrungsengpässen bereits eine Art Vorratswirtschaft praktiziert haben, beispielsweise, indem sie Früchte durch Trocknen konservierten. Im Frühjahr werden der Fischfang und die Vogeljagd den täglichen Speisezettel bestimmt haben; vermutlich hat man etwa 20–40 % des jährlichen Nahrungsbedarfs auf diese Weise bestritten.

Die noch vorhandene Ernährungslücke von etwa 20–30 % konnte durch die Jagd gedeckt werden, wobei Hirsche, Rehe und Wildschweine an vorderer Stelle standen, doch hat auch der Auerochse zur Jagdbeute gehört. Jagd war sicherlich ganzjährig durchführbar, wenn auch das Jagdglück zu bestimmten Zeiten besonders hold gewesen sein dürfte, beispielsweise zu Beginn des Winters, wenn sich die Hirsche zu Rudeln zusammenschließen. Was von dem erlegten Wild nicht sofort verbraucht werden konnte, wird man auf die eine oder andere Art und Weise konserviert haben.

Eine ausreichende Nahrungsbeschaffung wird für Wildbeuter wie Dilgo wohl kein Problem gewesen sein, zumal sie sich in der Natur auf ein sehr viel breiteres Nahrungsangebot stützen konnten, als uns dies unsere relativ einseitige moderne Ernährung vermuten lässt. Die Vorstellung, dass Dilgo sich beim »Frühstück« etwa große Gedanken machen würde, ob – und wenn ja, was – auf seinem »Mittagstisch« stehen würde, hat wohl ihre Ursachen allein in unserer Sehweise – wir hätten diese Probleme mit unserem täglichen Speisezettel, doch müssen wir uns davor hüten, sie so ohne weiteres auch auf die Jäger und Sammler um Dilgo zu übertragen!

Die Ernährungsgrundlage der Bauern war eine völlig andere. Sie lebten nicht mehr ausschließlich von dem, was die Natur ihnen bot, sondern griffen bewusst in sie ein, indem sie bestimmten Pflanzen in ihrer Ernährung eine besondere Rolle zuwiesen. An erster Stelle ist hier das Getreide zu nennen, Weizenarten wie Emmer und Einkorn; es sind kultivierte

Getreidearten, die Jahrtausende vorher im Vorderen Orient aus den dort wachsenden Wildformen entwickelt worden sind.

Was das Aussehen der Getreidefelder betrifft, so wirst du deine bisherigen Vorstellungen ändern müssen: keine großen, offenen, von Baum und Strauch freien Flächen, sondern kleine, von Bäumen und Sträuchern umgebene Areale, die durchsetzt sind von Baumstümpfen, die bei der Rodung des Waldes nicht entfernt wurden. Wenn du willst, kannst du dir sie vielleicht am besten als kleine »Inseln« in den Wäldern, im nahen Umkreis der Dörfer, vorstellen. Trotz der großen Fruchtbarkeit des Lössbodens werden die Felder nach einiger Zeit relativ ausgelaugt gewesen sein, sodass die Anlage neuer Felder und damit erneute Rodungen von Waldflächen erforderlich wurden.

Jeder Landwirt unserer Zeit wird bestätigen, dass der Anbau von Getreide wahrlich keine leichte Arbeit ist. Doch während ihm heute ein Maschinenpark hilfreich zur Seite steht, war es damals reine Handarbeit: Mithilfe hölzerner Handhaken hat man Rillen in den zähen Lössboden gezogen und die Saatkörner hineingelegt: Möglicherweise sind solche Rillen mit einem Abstand von 20 cm gezogen worden.

Wenn du dir nun vorstellst, dass ein Feld von einem Hektar Größe (100 x 100 m) seinerzeit wohl nur etwa zwei Menschen ernähren konnte, eine Familie also bereits eine Anbaufläche von ca. 2,5 Hektar benötigt hat, dann wird dir dein Taschenrechner helfen die Gesamtlänge der Saatrillen auszurechnen, die gezogen werden mussten. – Doch schätze erst einmal, ob das Ergebnis eher bei 5 km, bei 50 km oder bei 100 km liegen wird?

Weder heute noch damals konnte man nach der Aussaat die Hände in den Schoß legen und erwartungsvoll der Ernte entgegensehen. Doch würde es zu weit führen, hier nun alle

Arbeiten und insbesondere sämtliche Gefahren für das Saatgut aufzuzählen; vielleicht kennst du ja einen Landwirt in deiner Familie oder deiner näheren Umgebung, der dich darüber informieren kann.

Wir wollen gleich den großen Schritt bis zur Ernte tun; auch sie hat sich vollkommen von den heute bei uns üblichen Methoden unterschieden. Allerdings ist noch umstritten, welche Technik man damals angewendet hat. Die meisten Archäologen vermuten den Einsatz von Sicheln, d. h. von sichelförmig gebogenen Hölzern, in die mehrere kleine Feuersteinabschläge eingesetzt waren. Das Abmähen eines Feldes ist auf diese Art und Weise allerdings recht mühsam, wie moderne Rekonstruktionsversuche gezeigt haben: 200 bis 250 Stunden für ein Feld von einem Hektar Größe; tagelang, vielleicht sogar wochenlang wäre folglich eine Familie mit der Ernte »ihres« Feldes beschäftigt gewesen. Wie andere moderne Experimente gezeigt haben, wird es sehr viel einfacher und schneller gegangen sein, wenn man die Ähren am oberen Ende der Halme kurzerhand abknickte – und warum sollte man nicht den bequemeren Weg gewählt haben?

Doch auch nach der Ernte des Getreides brauchte es seine Zeit, bis es auf den »Esstisch« gelangen konnte. Zunächst musste es gedroschen werden; vielleicht wurden die Körner von Menschen und/oder Tieren ausgetreten, vielleicht ist aber auch eine Art Dreschschlitten zum Einsatz gekommen, wie er Lurini so viel Freude bereitet hat. Dem Dreschen folgte das Worfeln, d. h. die Trennung der schweren Getreidekörner von den leichteren Spelzresten und den Unkräutern, unter Ausnutzung des Windes.

In guten Jahren werden danach etwas mehr als 20 Doppelzentner Getreide für die Familie zur Verfügung gestanden haben, wovon sie etwa ein Drittel oder ein Viertel als Saatgut für das kommende Jahr zurücklegen mussten. Solche Getreidemengen konnte man natürlich nicht mehr in Gefäßen oder Körben aufbewahren, denn immerhin ist ein Lagerraum von etwa drei Kubikmetern erforderlich; Die riesigen Häuser haben hierfür jedoch ausreichenden Platz geboten.

Wenn wir einmal von der Annahme ausgehen, dass die Bauern seinerzeit etwa 80 % des täglichen Nahrungsbedarfes durch Getreide gedeckt haben (oder decken mussten), dann bedeutet dies einen Tagesbedarf von etwa vier Kilogramm pro Familie. Wir können solche Mengen heute bequem in eine kleine Getreidemühle stecken und erhalten in kürzester Zeit Mehl in der gewünschten Feinheit. Zu Mirtanis Zeiten mussten unentwegt kleinere Mengen auf einen großen Mahlstein geschüttet und mit Hilfe eines Reibsteines zermahlen werden. Es war mühsam, denn moderne Rekonstruktionsversuche haben gezeigt, dass man für die oben genannten Mengen etwa 2,5–6,5 Stunden veranschlagen muss. Und was hat man als Ergebnis erhalten: ein recht grobkörniges Mehl, das stets mit kleinen Rückständen der Mahl- und Reibsteine durchsetzt gewesen ist – Mirtani muss immer einen leichten Sandgeschmack im Mund verspürt haben. Das Mehl ist teilweise zu fladenartigen Broten verbacken worden, vor allem aber wurde es zu breiartigen Gerichten verarbeitet.

Neben dem Getreide wird auch Gemüse eine wichtige Rolle gespielt haben, insbesondere Erbsen, aber auch Linsen. Natürlich bereicherten weitere Pflanzen und auch Obst den täglichen Speisezettel, doch wird man sich ihn nicht allzu abwechslungsreich vorstellen dürfen. – Erinnerst du dich noch daran, wie Lurini über Weizengrütze und Linsenbrei geschimpft hat?

*

Welchen Stellenwert tierische Produkte in der Ernährung gespielt haben, ist nicht völlig geklärt. Aus der Beobachtung, dass in den Bauerndörfern meist nur wenige Knochen von Jagdwild gefunden werden, dagegen viele von Haustieren, lässt sich folgern, dass die Jagd eine eher untergeordnete Rolle gespielt haben wird. Nach den Knochenzahlen zu urteilen, hat das Rind seinerzeit an erster Stelle gestanden, mit deutlichem Abstand folgten Schafe/Ziegen (die Knochen sind auch für einen Zoologen nur schwer voneinander zu unterscheiden) und Schweine. Wenn du dir die unterschiedlichen Proportionen dieser Tierarten vor Augen führst, dann wird dir die Dominanz von »Rindfleisch« sicherlich besonders deutlich. Immerhin lässt sich das Körpergewicht eines Rindes in jener Zeit auf etwa 400 kg schätzen, das entspricht einem Fleisch- und Fettanteil für die Ernährung von etwa 200 kg. Wenn die Bauern etwa 10 % des jährlichen Nahrungsbedarfes mit Fleisch gedeckt hätten, dann wäre für die Ernährung einer Familie die Schlachtung eines einzigen Rindes bereits völlig ausreichend gewesen.

Selbstverständlich musste man auch dafür Sorge tragen, dass der gesamte Tierbestand durch Schlachtungen nicht negativ beeinflusst wurde, denn wovon hätte man sich sonst in den folgenden Jahren ernähren sollen? In den Dörfern wird man sich folglich kleine, ein paar Dutzend Tiere zählende Herden vorstellen dürfen. Von diesen Tieren sind dann einige im Herbst geschlachtet worden. Warum vorzugsweise im Herbst? Nun, dies hängt mit der Ernährung der Tiere zusammen.

In den meisten Monaten des Jahres wird sie die Menschen vor keine Probleme gestellt haben, denn man konnte die Tiere auf die »Weide« in den Wald treiben. Ob dies angesichts des günstigen Klimas auch im Winter möglich gewesen ist, ist umstritten. Wir haben uns denjenigen angeschlossen, die meinen, man habe die Tiere in diesen Monaten mit Laubfutter ernährt.

Dies klingt leicht, doch benötigt man für jedes Rind etwa 1 000 kg, sodass selbst bei einer kleinen Herde enorme Mengen Laub herbeigeschafft und auch gelagert werden mussten. Es ist also nicht auszuschließen, dass große Teile der Wälder in der Umgebung des Dorfes unnatürlich kahl gewesen sind – du erinnerst dich an das Entsetzen, die Wut, das Unverständnis, die dies bei Dilgo hervorgerufen hat? Übrigens ist es nur eine Vermutung – aus unserer Sicht allerdings die nahe liegendste –, dass man sich die Tiere des Fleisches wegen gehalten hat; es ist ebenso vorstellbar, dass man in erster Linie an ihrer Milch oder ihrem Blut interessiert war.

Auch die Domestikation, d. h. die Züchtung von Haustieren, hat ihre Anfänge nicht bei uns in Mitteleuropa, sondern im Vorderen Orient. Eine der auffälligsten Unterscheidungsmerkmale von Wildformen und domestizierten Arten sind die Größenunterschiede, wie sie sich an den Knochen und damit beispielsweise auch an den Hufen ablesen lassen. So ist das Hausrind deutlich kleiner als der Auerochse und deshalb ist es Dilgo zunächst so schwer gefallen, die Spuren der Rinder bei Mirtanis Dorf zu verstehen.

*

Beim Lesen des Buches hast du eine Reihe von Werkzeugen kennen gelernt, die von den Wildbeutern bzw. den Bauern benutzt worden sind; sicherlich ist dir bewusst geworden, dass sich beide Gruppen auch in dieser Hinsicht deutlich voneinander unterschieden haben. Natürlich ist zu berücksichtigen, dass die meisten Gegenstände, die man seinerzeit benutzt hat, aus organischen Materialien gefertigt gewesen sein werden und deshalb bei Ausgrabungen nur in besonders günstig gelagerten Fällen nachgewiesen werden können.

Es ist keineswegs so, dass man in den Bauerndörfern nur Tongefäße verwendet hat, vielleicht werden sie nur einen kleinen Teil der seinerzeit benötigten Behältnisse dargestellt haben, in einem viel stärkeren Maße dürften Holzgefäße und Körbe benutzt worden sein, vielleicht auch Beutel aus Tierfellen.

Solcherlei Behälter sind auch Dilgo vertraut gewesen, während Gefäße aus Ton bei seinesgleichen unbekannt waren. Das gilt auch für die geschliffenen, mit einem Holzschaft versehenen Steingeräte; sie waren das unbedingt notwendige Werkzeug der Bauern, ohne das ihre entwickelte Holzbearbeitungstechnik – denke an die riesigen Häuser – nicht vorstellbar ist.

Viele dieser Geräte hat man aus ortsfremdem Gestein gefertigt, dessen Herkunftsgebiet hunderte von Kilometern entfernt liegen kann. Wie die an anderer Stelle erwähnten Spondylusmuscheln werden auch bestimmte Gesteine begehrte Handelsobjekte gewesen sein.

Selbstverständlich hat es eine Vielzahl von Werkzeugen gegeben, die vergleichsweise schnell und problemlos aus lokalem Gestein gefertigt werden konnten, hierbei ist in erster Linie an Feuerstein und Hornstein zu denken. Solche Gesteine haben auch die Menschen um Dilgo für die Herstellung ihrer Gerätschaften verwendet. Unter ihnen fallen vor allem kleine, daumennagelgroße, trapezförmige Objekte auf, die als Pfeilspitzen gedeutet werden. Solche merkwürdig geformten Spitzen kennt man auch aus anderen Kulturkreisen, so sind sie beispielsweise im »alten Ägypten« bei der Vogeljagd eingesetzt worden; deshalb ist es vorstellbar, dass auch Dilgo ein derartig spezialisiertes Gerät in gleichem Sinne eingesetzt haben kann.

Das Schleifen eines Steines war eine langwierige Arbeit, die nicht nur ein paar Stunden, sondern eine Reihe von Tagen in Anspruch genommen hat, vor allem weil man sich dieser Tätigkeit nicht von Sonnenauf- bis Sonnenuntergang zuwenden konnte. Viel Zeit wird auch die Herstellung der Gefäße benötigt haben, zumal die hilfreiche Töpferscheibe noch nicht bekannt gewesen ist. Willst du nicht einmal versuchen auf die gleiche einfache Art und Weise ein Gefäß herzustellen wie Mirtani? Und nicht gleich ungeduldig werden, wenn es beim ersten Versuch noch nicht ganz so perfekt klappt!

Dass es mit der Verzierung der Gefäße in jener Zeit eine besondere Bewandtnis gehabt haben muss, dies hat dir die Auseinandersetzung zwischen Mirtani und ihrer Tante Emonis sicherlich vor Augen geführt – doch warum?

Die Gefäße, die von den ersten Ackerbauern und Viehzüchtern in Mitteleuropa hergestellt wurden, sind gekennzeichnet durch bandförmige Verzierungen; vielfach sind es drei parallele Linien, die als eine Art breites, wellenförmiges Band in den feuchten Ton eingeritzt wurden und so den Gefäßkörper schmückten. Diese Art der Verzierung findet man nicht nur bei den Bauern im Donautal, sondern bei allen, die damals in einem Gebiet lebten, das sich als breiter Streifen von Tschechien und der Slowakei bis nach Frankreich und in die Niederlande erstreckte. Über mehrere Generationen hinweg hat man die Gefäße auf die gleiche oder zumindest eine ganz ähnliche Art und Weise verziert. Man konnte, wollte oder durfte sie offensichtlich nicht nach Lust und Laune verzieren, sondern hatte sich hierbei gewissen traditionellen Vorstellungen unterzuordnen. Pech für Mirtani, doch Glück für die Archäologen, denn diese Verzierungstechnik charakterisiert die Kultur der ersten Bauern so sehr, dass die Wissenschaftler kurzerhand von der Epoche der »Linienbandkeramik« sprechen.

Wenn auch Töpferkurse heute vorzugsweise von weiblichen Personen besucht werden, so ist dies nicht der Grund gewesen auch in unserer Erzählung Frauen töpfern zu lassen. Bei den meisten heute noch lebenden Naturvölkern war und ist die Gefäßherstellung Frauenarbeit; erst mit der Einführung der Töpferscheibe und der dadurch möglichen Serienproduktion wird die Töpferei zu einem Handwerk, das in der Regel von Männern betrieben wird.

Eine Massenproduktion hat es in der von uns betrachteten Zeit nicht gegeben. Es wird dir leicht fallen, diese Aussage zu bestätigen: Wenn du den Geschirrbestand einer Familie auf etwa 20 Tongefäße veranschlagst – denke an die Behältnisse aus organischem Material – und schätzt, dass jedes Jahr vielleicht ein Viertel von ihnen zu Bruch gegangen ist, dann werden im Dorf nach Jahresfrist nur ein paar Dutzend neue Gefäße benötigt worden sein, um den Geschirrbestand wieder zu vervollständigen. Mehr als ein- oder zweimal im Jahr brauchte man nicht zu töpfern. Ob dann eine Frau oder eine Familie das Geschirr für ein ganzes Dorf hergestellt hat oder ob jeder seine eigenen Gefäße fertigte, lässt sich nicht entscheiden.

*

Die Menschen um Dilgo und Mirtani haben sich noch in weiterer Hinsicht grundlegend voneinander unterschieden: in der Behandlung ihrer Toten. Natürlich sind auch Jäger und Sammler gestorben, doch sind ihre Toten nur in Ausnahmefällen archäologisch fassbar. Vielleicht hatte man sie auf Gerüsten bestattet, vielleicht in der Natur ausgesetzt, vielleicht verbrannt und ihre Asche verstreut.

Hingegen haben die Bauern regelrechte Friefhöfe angelegt,

auf denen sie über Generationen hinweg ihre Toten begraben haben. Die übliche Beisetzungsart ist damals wie heute die Körperbestattung gewesen, wenn auch die Verbrennung ebenfalls nicht unbekannt war. Anders als bei uns wurden die Toten seinerzeit in gehockter Stellung in die Erde gelegt, d. h. mit angezogenen Beinen und vor der Brust bzw. vor dem Gesicht verschränkten Armen; der Archäologe spricht deshalb von Hockerbestattung. In den meisten Fällen hat man den Verstorbenen mit seinem Kopf nach Osten in die Erde gelegt, und zwar so, dass das Gesicht nach Süden blickte. Die Toten wurden mit Kleidung und Schmuck begraben und es war üblich, ihnen weitere Gegenstände des täglichen Lebens in das Grab zu legen: Steinbeile, Pfeile, Mahl- und Reibsteine, Gefäße – um nur einige Dinge zu nennen. Nach welchen Kriterien die Auswahl der Gegenstände erfolgt ist, hat man bisher nicht herausgefunden.

*

In diesem Nachwort konnten wir natürlich nicht auf alle Einzelheiten eingehen, die in unserer Erzählung zur Sprache gekommen sind; aber auch für hier nicht erwähnte Details gilt, dass sie nicht einer lebhaften Phantasie entspringen, sondern für jene Zeit nachweisbar oder zumindest vorstellbar sind. Vielleicht machst du dir das Vergnügen und liest das Buch beim nächsten Mal mit anderen Augen; denke einmal nicht so sehr an die Handlung, sondern achte auf die Informationen über das damalige Leben, die sie enthält. Danach wird dir sicherlich eine Vielzahl von Fragen im Kopf herumschwirren. Vielleicht auch die nach den Beweggründen, die unsere mitteleuropäischen Vorfahren vor etwa 7 000 Jahren dazu gebracht haben könnten, durch Ackerbau und Viehzucht ihren Lebensunterhalt zu bestreiten.

Aus unserer heutigen Sicht erscheint es die bessere Art der Nahrungsbeschaffung, doch hat man bereits seinerzeit die mit ihr zu verbindenden Vorteile erkennen können? Warum hielt man im nördlichen Europa noch rund 2 000 Jahre länger an der älteren Lebensform fest? War der Übergang zu Ackerbau und Viehzucht vielleicht gar keine freiwillige Entscheidung der Menschen, sondern eine Notwendigkeit, um überleben zu können?

Was uns als Fortschritt erscheint, muss zunächst einmal eine recht mühsame Plackerei gewesen sein, zumal man die Früchte seiner Arbeit erst sehr spät ernten konnte – und dies im wahren Sinne des Wortes! Man beschränkte sich auf einzelne Produkte und machte sich so auf eine besondere Art und Weise von ihnen abhängig; zumal es sich um Produkte handelte, die man durch viele Unwägbarkeiten schnell verlieren konnte. Vielleicht sollte es uns alle nachdenklich stimmen, dass im Alten Testament (1. Buch Mose, Kapitel 3 und 4) der Beginn von Ackerbau und Viehzucht mit dem Sündenfall und der Vertreibung aus dem Paradies in Verbindung gebracht wird:

»Und der Herr sprach zu Adam: Dieweil du gehorcht hast der Stimme deines Weibes und gegessen von dem Baum, davon ich dir gebot und sprach: Du sollst nicht davon essen – verflucht sei der Acker um deinetwillen, mit Kummer sollst du dich darauf nähren dein Leben lang. Dornen und Disteln soll er dir tragen und sollst das Kraut auf dem Felde essen. Im Schweiße deines Angesichts sollst du dein Brot essen, bis dass du wieder zu Erde werdest, davon du genommen bist. (. . .) Da wies ihn Gott der Herr aus dem Garten Eden, dass er das Feld baute, davon er genommen ist, und trieb Adam aus und lagerte vor den Garten Eden die Cherubim mit dem bloßen, hauenden Schwert, zu bewahren den Weg zu dem Baum des

Lebens. (. . .) Und Abel ward ein Schäfer; Kain aber ward ein Ackermann.«

Angesichts dieser Worte liegt es nahe, darüber nachzudenken, ob nun der Übergang zu Ackerbau und Viehzucht wirklich der große, entscheidende Schritt »nach vorn« in der Entwicklungsgeschichte der Menschheit gewesen ist. Ganz spontan möchte man mit Ja antworten, denn ohne ihn wären unsere heutige Zivilisation und der gewaltige Bevölkerungszuwachs überhaupt nicht vorstellbar. Der technische Fortschritt steht außer Zweifel. Doch hat dies auch in allen anderen Bereichen einen Fortschritt bedeutet? Wir meinen, dass es sich lohnt, sich diese Frage einmal zu stellen. Sie hat uns bei der Arbeit an diesem Buch bewegt und vielleicht wird sie auch dich beschäftigen.

Natürlich lässt sich diese eine Frage in viele weitere aufspalten, zum Beispiel: Haben nicht die menschlichen Eingriffe in die Natur neben den beabsichtigten Veränderungen an der Pflanzen- und Tierwelt erschreckend negative Auswirkungen gehabt? Hat nicht damals, zu Beginn der jüngeren Steinzeit, eine Entwicklung eingesetzt, deren vorläufigen Höhepunkt die Menschheit heute erlebt, die ihr gewaltige Anstrengungen um die Rettung der Umwelt, die Erhaltung des Friedens und die Überwindung des Hungers abverlangt?

Sind die 540 000 000 Kinder, die schätzungsweise allein seit dem letzten Weltkrieg an den Folgen des Hungers gestorben sind, während im hoch zivilisierten Teil der Welt Überfluss herrscht, der Preis für den Fortschritt? Wie kommt es, dass die letzten 7 000 Jahre eine Geschichte unzählbar vieler Kriege sind? Haben nicht auch heute noch die Menschen oft genug die Neigung Konflikte mit Gewalt zu »lösen« und Leuten, die anders denken und leben als sie selbst, ähnlich verständnislos zu begegnen, wie sich die Bauern und die Waldmenschen in dieser Erzählung begegnet sind? Wo bleibt da der Fortschritt? Steht die Menschheit heute so vielen Problemen gegenüber, weil ihre geistige und moralische Entwicklung mit ihrer technischen nicht Schritt halten kann? Das waren sehr viele Fragen, und sie ließen sich noch lange fortführen. Wir, die Autoren dieses Buches, haben keine vorgefertigten Antworten auf diese Fragen, aber wir meinen, sie gehören dazu, wenn man sich mit dem Beginn von Ackerbau und Viehzucht beschäftigt. Wir wissen nicht, wo das alles einmal hinführen wird. Die Geschichte wird eine Antwort darauf geben, doch muss man dabei in großen Zeiträumen denken. Nicht in einigen Jahren, nicht in einigen Jahrzehnten, nicht in einigen Generationen, sondern vielleicht in einigen Jahrtausenden.

Dies erscheint dir noch so unendlich lang? Nein, nicht mehr, wenn du deine Betrachtungsweise änderst! Nehmen wir an, dass du in deinem Leben bisher rund 150 cm groß geworden bist. Nun stelle dir einmal vor, dass du die gesamte Dauer der Menschheitsgeschichte gebraucht hättest, um so groß zu werden. Dann wärest du bis zur Zeit von Dilgo und Mirtani 149,7 cm groß geworden und in den letzten 7 000 Jahren noch nicht einmal 3 Millimeter weitergewachsen – was ist das schon, wenn deine Haare Woche für Woche etwa um die gleiche Länge wachsen!

Zugegeben, wir haben einen weiten Bogen geschlagen. Wir wollten mit unserem Buch sachlich genau über einen wichtigen Zeitabschnitt unserer menschlichen Geschichte informieren, wir wollten ein wenig Stoff zum Nachdenken bieten und wir wollten vor allem unterhalten. Wir haben das zu zweit, in gemeinsamer Arbeit, versucht, wobei Gabriele Beyerlein die Erzählung geschrieben und Herbert Lorenz den historischen Rahmen erarbeitet hat.

Haben wir unsere Ziele erreicht? Wir würden uns sehr freuen deine Meinung zu erfahren. Schreib uns doch einmal.
Du erreichst uns über den
Arena Verlag, Postfach 51 69, 97001 Würzburg.

Isolde Heyne

Tanea – Tochter der Wölfin

Das Mädchen Tanea muss sich auf die Suche
nach ihrem Ziehvater Ezuk machen, der von
der Jagd nicht zurückgekehrt ist. Sie findet ihn
schwer verletzt – ein Bär hat ihn angefallen. Dank
Taneas Pflege wird Ezuk gesund, aber ein Bein
bleibt lahm und er wird nie wieder jagen können.
Wie sollen die beiden ohne fremde Hilfe
den langen, harten Winter überstehen?
Der faszinierende Roman über ein starkes
Mädchen in der Steinzeit.

Arena-Taschenbuch Band 1875.
192 Seiten. Ab 12